ADAC Reiseführer

# Piemont Lombardei

## Valle d'Aosta

Von Caterina Mesin

EIN ADAC BUCH

# Inhalt



*Mittelalter-Romantik in Orta San Giulio am Lago d'Orta*

*Genüsse und Sinnenfreuden all'italiana – etwa hier im Caffè San Carlo in Turin*



*Besuchermagnet im schönen Como ist der prächtige Duomo S. Maria Maggiore*

*Historische Brücken wie die von Pont-St-Martin sieht man im Valle d'Aosta häufig*



*Vom Swimmingpool der Villa Serbelloni in Bellagio überblickt man den Comer See*

## Dies und Das

*Kreuzweg – lebensgroße Terrakottafiguren auf dem Sacro Monte di Orta*



## Piemont, Lombardei, Valle d'Aosta aktuell A bis Z

*Flaniermeile – die noble Galleria Vittorio Emanuele II. neben dem Mailänder Dom*

# Magische Landschaften, faszinierende Metropolen und unendliche Gaumenfreuden

Die Lombardei, das Piemont und das Valle d'Aosta sind verlockende norditalienische Reiseziele: Die mediterrane Atmosphäre am Gardasee und Lago Maggiore, kulinarische Genüsse im Piemont von Barolo bis zu Trüffeln, hochalpine Skiparadiese in den Alpenregionen, die berühmte Modehauptstadt Mailand, die charmante FIAT-Metropole Turin sind die Bilder, die gleich in den Sinn kommen.

## Genüsse für Leib und Seele

Die **Oberitalienischen Seen**, wo im milden Klima Palmen und subtropische Pflanzen vor einer majestätischen, schneeüberzuckerten Berglandschaft wachsen, übte schon auf die Römer Plinius und Catull eine magische Anziehungskraft aus. Die Bildungsreisenden späterer Jahrhunderte verewigten sie in Gemälden und literarischen Werken. »Das schönste an der Lombardei sind die Seen«, schwärmte Goethe. Und noch heute versetzt diese *fjordähnliche Landschaft* unter strahlendem Himmel selbst nüchterne Naturen in Begeisterung. Prachtvolle *Villen* inmitten botanischer Gartenparadiese säumen die Ufer der tiefblauen Seen und künden von der glanzvollen Belle Époque. Wie Perlen liegen die Borromäischen Inseln im **Lago Maggiore**, Pfauen stolzieren durch die barocken Parks. Das pittoreske Bellagio am **Comer See** begeisterte einen amerikanischen Multimillionär so sehr, dass er es 1998 kurzerhand in Las Vegas originalgetreu nachbauen ließ. Eher still ist der hübsche **Lago d'Orta** mit seiner geheimnisvollen Insel, auf die sich im 4. Jh. der hl. Julius zurückzog, nachdem er die Feuer speienden Drachen vertrieben hatte.

Der Süden des Piemont lockt mit den weinseligen Hügelketten des **Monferrato** und der **Langhe**, wo sich zugleich die Traditionen einer bäuerlich-soliden, aber raffinierten Küche erhalten haben. Dazu gesellen sich eben jene vollmundigen

**Oben:** *Astis ruhmreiche Vergangenheit wird beim Palio lebendig*

**Rechts oben:** *Spitzenerlebnis – Spaziergang auf den Terrazzi des Mailänder Doms*

**Rechts unten:** *Reizvoll zu jeder Jahreszeit – Weinberge um Cuneo im südlichen Piemont*

*Rotweine* wie Barolo und Barbera, die zu den besten Italiens zählen und Weltruhm erlangt haben. Kein Wunder, dass in diesem *gastronomischen Dorado* die **Slow-Food** Bewegung entstand, die sich seit Jahren für eine genuine italienische Esskultur einsetzt. Wenn im Herbst Nebel in den Tälern liegt, dann trifft man hier nicht nur geschäftige Weinbauern, sondern auch den geheimniskrämerischen *Trifolao* (Trüffelsucher), der mit seinem Hund die berühmteste Spezialität des Piemont aufspürt, die kostbaren weißen **Trüffeln**. Später werden sie roh, in hauchdünnen Scheiben über *Risotti* gestreut, denn hier im Norden Italiens beherrscht der **Reis** und nicht die Pasta die Tafel. Tatsächlich wächst auf den riesigen Feldern um *Vercelli* über ein Drittel der gesamteuropäischen Reisproduktion.

Zu den Genüssen gehört aber auch Naturerlebnis pur, wie es das von Vier-

tausender-Gletschern umkränzte **Valle d'Aosta** mit seinen Wanderwegen, Kletterwänden und Skipisten verheißt. Skiparadiese hat auch das Piemont zu bieten und hier, im Valle di Susa, werden 2006 auch die XX. Olympischen Winterspiele ausgetragen.

## Mächtige Kirchen, elegante Ritterkultur und barocke Paläste

Urbane Entdeckerfreuden versprechen die Metropolen Mailand und Turin, denn sie sind nicht nur Modehauptstadt und Hochburg der Autoindustrie. Wie wohl in keiner anderen Großstadt des Landes regiert in **Mailand** mit seinen Wolkenkratzern und seinem Verkehrschaos der Zeitgeist der Moderne. Er steht zugleich im faszinierenden Kontrast zu dem großen historischen Erbe, den malerischen alten Stadtvierteln oder Meisterwerken der Architektur und Kunst, wie dem *Dom* und Leonardos weltberühmten *›Abendmahl‹*. Mailands Museen, allen voran die *Brera*, gehören neben denen von Florenz und Rom zu den bedeutendsten Italiens. **Turin** wiederum begeistert mit seiner großzügigen barocken Stadtanlage und der wienerisch angehauchten Gemütlichkeit seiner Kaffeehäuser. Die einstigen Automobilfertigungshallen von *Lingotto* wurden in hypermoderne Ausstellungs-

**Links oben:** *Nördlich an S. Maria Maggiore in Bergamo ist die Cappella Colleoni mit prächtiger Renaissancefassade angebaut*

**Links unten:** *Beeindruckende Fresken in der Klosterkirche der Certosa di Pavia*

**Oben:** *Harmonie in Grün und Blau – Blick von Isola Bella über den Lago Maggiore*

**Unten:** *›Begegnung zwischen Ludovico Gonzaga und seinem Sohn Kardinal Francesco‹ (1472) von Mantegna in der Camera degli Sposi im Palazzo Ducale von Mantua*

räume verwandelt. 2002 wurde außerdem die Pinacoteca Giovanni e Marella Agnelli von Renzo Piano eröffnet. Zeitgenössische italienische Kunst präsentiert die *Galleria d'Arte Moderna e Contemporanea*.

Doch die drei Regionen haben als Kulturlandschaften noch viel mehr zu bieten. Zu sehen gibt es etwa die Ritzzeichnungen von **Valcamonica** aus der Jungsteinzeit, heute UNESCO Weltkulturerbe-Stätte. Bedeutende Architekturzeugnisse der römischen Antike finden sich in **Brescia** und **Aosta**. Und wie an einer Perlenkette aufgereiht sind die Kunststädte der **Poebene**. Sie waren im Mittelalter freie, selbstbewusste Stadtrepubliken, doch ab dem 13./14. Jh. gerieten sie in den Bannkreis mächtiger Familien: der mailändischen Visconti, der Gonzaga von Mantua, der piemontesischen Savoyer oder der Markgrafen von Saluzzo und Casale Monferrato. In den Städten wurden monumentale Kirchen errichtet, deren Architektur aufgrund langer Bauzeiten noch der **Romanik** und schon der Gotik verpflichtet war. So wurde etwa in der romanischen Basilika *S. Ambrogio* von Mailand erstmals ein gotisches Rippengewölbe eingezogen. Typisch für den lombardischen Kirchenbau sind auch die reich mit Zwerggalerien, Bogenfriesen und Ornamenten geschmückten Fassaden, Werke der kunstfertigen *Maestri Comacini*, Baumeister und Steinmetze aus der Gegend von Como.

Die **Gotik** fiel in Norditalien im Gegensatz zur übrigen Halbinsel auf fruchtbaren Boden und hielt sich lange Zeit. Der Dom von Mailand blieb gar bis zu seiner Vollendung im 20. Jh. der goti-

wie Filippo Juvarra und Guarino Guarini Turin, aber auch sein Umland mit repräsentativen Kirchen, Palazzi, Plätzen und Schlössern schmückten.

## Trends und Traditionen

Eine **Vorreiterrolle** übernahm das Piemont gemeinsam mit der Lombardei im *Risorgimento*, der italienischen Einigungsbewegung des 19. Jh., in Turin versammelte sich 1861 erstmals das italienische Parlament. Seitdem sind die beiden Regionen ein bisschen der ›große Bruder‹ Italiens. Hier setzte dank der Elektrizitätsgewinnung durch alpine Wasserkraft schon früh die Industrialisierung ein und in den 1960er-Jahren fand hier das italienische *Wirtschaftswunder* statt, das heute noch in zahlreichen mittleren und großen Betrieben zwischen Turin und Mailand präsent ist.

Nach Mailand blickt man für die neuesten Trends in **Mode** und **Design**. Aber auch in der **Musik** werden mit der *Mai-*

schen Formensprache verpflichtet. Ganz den höfischen Stilvarianten der Gotik hingegeben sind die humorvollen Freskenzyklen der Burgen *Castello d'Issogne* im Valle d'Aosta und *Castello di Manta* bei Saluzzo, die auf vergnügliche Weise die Ritterkultur und das Alltagsleben illustrieren.

In der **Renaissance** entfaltete sich in den Städten eine prunkvolle Hofkultur. Berühmtheit erlangte der Hof der Sforza in Mailand, an dem so bedeutende Künstler tätig waren wie Leonardo da Vinci und Donato Bramante. In *Mantua* betrauten die Gonzaga Andrea Mantegna mit der Ausmalung der berühmten *Camera degli Sposi* (Hochzeitszimmer) im Palazzo Ducale und Giulio Romano mit dem exzentrischen *Palazzo del Tè*, bereits ein Meisterwerk des **Manierismus**.

Der **Barock** feierte im *Piemont* Triumphe, wo die frischgekrönten Könige von Savoyen mithilfe genialer Baumeister

*länder Scala* immer neue Maßstäbe gesetzt, eine Tradition, die bereits mit Claudio Monteverdi begann, der am Hof von Mantua die erste moderne Oper schrieb, und mit dem Komponisten Donizetti in Bergamo.

**Links oben:** *Nobel, nobel – Speisesaal im Grand Hotel Villa Serbelloni in Bellagio*

**Links Mitte:** *Ein gutes Näschen braucht man schon bei der Trüffelmesse in Alba*

**Links unten:** *Malcesine ist einer der einladenden Küstenorte am schönen Gardasee*

**Oben:** *Das im 12. Jh. errichtete Castello Grinzane Cavour liegt inmitten eines berühmten Weinanbaugebietes ...*

**Mitte:** *... und besitzt daher eine der bestsortierten Enotecas des ganzen Piemont*

Eine Reise nach Nordwestitalien führt in vitale, attraktive Städte und Dörfer wie *Cremona, Pavia* oder *Novara*, die viel Geschichte und große Kunsterlebnisse bieten. Vielfältig sind die **Landschaften** von den im Frühsommer überschwemmten Reisfeldern um Vercelli, der fruchtbaren, intensiv bewirtschafteten Poebene, über die Weinlandschaften des südlichen Piemont bis zu den Agrarregionen der Alpen mit Wein- und Obstanbau sowie Viehwirtschaft.

Man begegnet hier kaum dem ›typisch italienischen‹ mediterranen Temperament und Überschwang, die **Menschen** sind vor allem im Piemont eher nachdenklich und zurückhaltend, aber keineswegs verschlossen. Das bestätigen die zahlreichen originellen und lebensfrohen **Feste**. Die Orangenschlacht von Ivrea, die Kuhkämpfe im Valle d'Aosta, das groteske Eselsrennen von Alba oder der farbenfrohe Palio von Asti folgen uralten Traditionen und werden noch heute mit großem Enthusiasmus gefeiert.

## Der Reiseführer

Dieser Band stellt die **Lombardei**, das **Piemont** und das **Valle d'Aosta** in sieben Kapiteln vor. Die Autorin beschreibt die Kunststädte der Poebene, die Oberitalienischen Seenlandschaft, die Weinhügel der Langhe und des Monferrato sowie das Valle d'Aosta jeweils ausgehend von den Metropolen Mailand und Turin. **Übersichtskarten** und **Stadtpläne** erleichtern die Orientierung. Die **Top Tipps** bieten Empfehlungen zu Hotels, Restaurants, Märkten, Museen etc. Den Besichtigungspunkten sind **Praktische Hinweise** mit Touristenbüros sowie Hotel- und Restaurantadressen angegliedert. Der **Aktuelle Teil** bietet alphabetisch geordnet Nützliches von Informationen vor Reiseantritt über Essen und Trinken bis zu Verkehrsmitteln. Hinzu kommt ein umfassender **Sprachführer**. **Kurzessays** runden den Reiseführer ab.

# Geschichte, Kunst, Kultur im Überblick

**ab 6000 v. Chr.** Im Valcamonica nördlich des Lago d'Iseo hinterlässt der keltisch-alpine Stamm der Camuni zahlreiche Felsritzzeichnungen.

**5.–4. Jh. v. Chr.** Keltisch-gallische Stämme wandern nach Oberitalien ein und vertreiben die hier ansässigen Ligurer und Etrusker. Sie gründen u. a. Mediolanum (Mailand), Berghem (Bergamo), Comun (Como) und Bric (Brescia). Das Valle d'Aosta bewohnen die keltischen Salasser.

**218–201 v. Chr.** Im Zweiten Punischen Krieg zieht Hannibal 218 v. Chr. über die Alpen ins Piemont und bedroht von da aus das Römische Reich. Nach der Niederlage der Karthager unterwerfen die Römer Oberitalien.

**um 81 v. Chr.** Gründung der römischen Provinz Gallia Cisalpina.

**286 n. Chr.** Die Diokletianische Verwaltungsreform schafft neben der nominellen Hauptstadt Rom vier neue Kaiserresidenzen, darunter Mailand, das faktisch zur Hauptstadt des westlichen Reichsteiles avanciert.

**313** Mit dem Mailänder Edikt gewährt Kaiser Konstantin den Christen Religionsfreiheit.

**374** Ambrosius, römischer Statthalter Oberitaliens und späterer Kirchenvater, lässt sich taufen und wird in Mailand zum Bischof geweiht.

*Im Jahr 568 erhebt Alboin, König der Langobarden, Pavia zur Hauptstadt seines Reiches*

**395** Teilung des Römischen Reiches in Westrom mit der Hauptstadt Mailand (ab 404 Ravenna) und Ostrom, das von Konstantinopel aus regiert wird.

**5. Jh.** Im Zuge der Völkerwanderung (5.–9. Jh.) dringen die Westgoten unter Alarich nach Italien vor und zerstören 412 Mailand. 40 Jahre später plündern die Hunnen unter Attila Pavia und erneut Mailand.

**476** Ende des Weströmischen Reiches. Der germanische Söldnerführer Odoaker setzt den weströmischen Kaiser Romulus Augustulus ab und errichtet die erste germanische Herrschaft in Italien.

**493** Ostgotenkönig Theoderich der Große besiegt Odoaker und ernennt sich zum König über Goten und Römer. Pavia wird eine seiner drei Residenzstädte.

**568** Langobarden marschieren in Oberitalien ein und erobern die später nach ihnen benannte Lombardei sowie weite Teile des Umlands. Pavia bleibt Residenzstadt und ist bis ins 11. Jh. bevorzugter Krönungsort.

**773/774** Karl der Große, vom Papst um sein Eingreifen gebeten, erobert das langobardische Reich und lässt sich in Pavia zum König der Franken und Langobarden krönen.

**9./10. Jh.** Mit dem Zerfall des karolingischen Reiches beginnt in Norditalien die unruhige Zeit der sog. Nationalkönige mit zahlreichen selbstständigen Kleinstaaten. Sarazenen und Ungarn verwüsten mit ihren Raubzügen immer wieder das Land.

**951/962** Nach einer Zeit politischer Wirren gelingt es dem Sachsenkönig Otto I. durch geschickte Heiratspolitik, sich in Pavia zum König der Franken und Langobarden ausrufen und 962 vom Papst zum Kaiser krönen zu lassen. Von nun an gilt der deutsche König auch als Herr über Mittel- und Oberitalien.

**11./12. Jh.** Aufstieg der Stadtrepubliken (Comuni), die sich besonders früh in der Lombardei bilden (Pavia 1084, Mailand 1097, Cremona 1098, Como 1109). Auf dem Ronkalischen Reichstag 1158 versucht der Staufer Friedrich I. Barbarossa die Herrschaftsverhältnisse in Italien zugunsten des Kaisertums neu zu ordnen. Dagegen leistet vor allem das wirtschaftlich mächtige Mailand Widerstand. Daraufhin belagert Friedrich die Stadt und zerstört sie im Jahr 1162.

**1167–83** Bildung der ersten Lombardischen Liga der Städte gegen die Staufer. Nach dem Sieg der Liga bei Legnano 1176 einigen sich die beiden Parteien im Frieden von Konstanz 1183 auf eine weitgehende Selbstverwaltung der Städte.

**ab 1226** Abermals schließen sich die oberitalienischen Städte zu einer Lombardischen Liga zusammen, diesmal gegen Friedrich II. Ab 1236 werden sie auch vom Papst als Verbündetem unterstützt. Zwar gelingt es Friedrich II., die Städte in der Schlacht von Cortenuova 1237 zu besiegen, doch mit dem Ende der staufischen Dynastie 1250 erringen sie wieder ihre Unabhängigkeit.

**ab 1250** Interne Parteienkämpfe zwischen päpstlich gesinnten Guelfen und kaisertreuen Ghibellinen sowie Machtansprüche der führenden Familien Mailands, Venedigs, Veronas etc. führen zum Niedergang der unabhängigen Stadtrepubliken. Sie werden ersetzt durch erbliche Signorie, die Alleinherrschaft eines Einzelnen und seiner Familie über die Stadt.

**ab 1277** Zu einer der einflussreichsten Familiendynastien Oberitaliens entwickeln sich die Mailänder Visconti. Ihr Reich umfasst die lombardischen Städte – außer Mantua, wo von 1328 bis 1707 die Gonzaga herrschen – sowie zeitweise weite Teile Ober- und Mittelitaliens. Mailand wird zur bestimmenden wirtschaftlichen Macht zwischen Po und Alpen.

**1395** Der deutsche König Wenzel IV. erhebt die Visconti zu erblichen Herzögen der Lombardei.

**15. Jh.** Venedig erweitert sein Festlandsterritorium (Terra-ferma-Politik) um Verona, Padua, Bergamo, Brescia und Crema, die bis 1797 unter seiner Herrschaft bleiben.

**1416** Die Grafschaft Savoyen wird Herzogtum. Das Stammgebiet liegt rund um die Hauptstadt Chambéry und reicht bis zur Rhône und an den Genfer See. In savoyischer Hand liegen auch die Grafschaft Aosta und die Kontrolle der westlichen Alpenpässe.

**1450–99** Nach dem Tod des letzten Visconti tritt der Condottiere Francesco Sforza die Nachfolge im Herzogtum Mailand an. Unter Ludovico Maria Sforza, gen. il Moro, avanciert der Hof ab 1494 zu einem blühenden Zentrum der Künste und Wissenschaft.

*Claudio Monteverdi (1567–1643) – bedeutendster italienischer Komponist seiner Zeit*

**1499/1500** Der französische König Ludwig XII. entmachtet Ludovico Maria Sforza und bemächtigt sich des Herzogtums Mailand. – Im Kampf um die Hegemonie in Europa wird Oberitalien zum Hauptkriegsschauplatz im Konflikt zwischen dem Haus Habsburg (Karl V.) und Frankreich (Franz I.).

**1525** In der Schlacht von Pavia besiegt Karl V. seinen französischen Widersacher Franz I.

**1559** Nach der endgültigen Vertreibung der Franzosen wird das Herzogtum Mailand den spanischen Habsburgern zugesprochen. Das Piemont fällt wieder an die Savoyer, Saluzzo aber bleibt französisch. Es folgt eine Zeit der wirtschaftlichen und kulturellen Stagnation.

**1567** Der große Erneuerer der Musik, Claudio Monteverdi, kommt in Cremona zur Welt († 1643), das sich seit 1550 zum herausragenden Zentrum des Geigenbaus entwickelt hat. Als Sänger, Geiger und Kapellmeister wirkt Monteverdi über 20 Jahre am Hofe von Mantua.

**ab Mitte 16. Jh.** Unter dem Erzbischof von Mailand, dem später heilig gesprochenen Carlo Borromeo sowie unter seinem Neffen und Nachfolger Federico Borromeo wird Mailand zu einem Zentrum der Gegenreformation.

**ab 1563** Turin wird neue Hauptstadt des Herzogtums Savoyen. Im 17. Jh. wird die Stadt zu einer der prächtigsten Barockmetropolen Europas ausgebaut.

**1701–14** Mit dem Spanischen Erbfolgekrieg erlischt die spanische Vorherrschaft in Oberitalien. Die Lombardei fällt an die österreichischen Habsburger. Vittorio Amadeo II. von Savoyen erhält als Verbündeter Sizilien und die damit verbundene Königswürde sowie das Monferrato und Alessandria. 1720 tauscht er Sizilien gegen das bis dahin österreichische Sardinien.

**1740–48** Nach dem Österreichischen Erbfolgekrieg behält die Kaiserin Maria Theresia im Frieden von Aachen Mailand, Mantua und zentrale Teile der Lombardei, während Carlo Emanuele III. von Savoyen, wieder als Verbündetem, die Gebiete südlich des Po wie Oltrepò Pavese, die Lomellina mit Vigevano sowie das Ossola- und Sesia-Tal zugesprochen werden.

**1796/97** Napoleons Truppen marschieren in Norditalien ein. Mit der Gründung der Ligurischen und der Cisalpinischen Republik, zu der u. a. die Lombardei (mit Mailand als Hauptstadt), Brescia, Bergamo und das Veltlin gehören, entstehen die ersten Satellitenstaaten des französischen Empire. Wenige Jahre später wird auch Piemont annektiert.

**1805** Im Mailänder Dom setzt sich Napoleon die Eiserne Krone der Langobarden auf. Die Cisalpinische Republik, seit 1801/02 Italienische Republik genannt, wird zum Königreich Italien erklärt.

*Giuseppe Mazzini (1805–1872) gilt als geistiger Führer des Risorgimento, der italienischen Einigungsbewegung im 19. Jh.*

**1814/15** Nach dem Sturz Napoleons schlägt der Wiener Kongress die Lombardei und Venetien erneut Österreich zu. Residenzen der österreichischen Vizekönige sind Mailand und Venedig.

**1831** Das Risorgimento, die italienische Einigungsbewegung, gewinnt immer mehr Anhänger. Ihr republikanischer ›Kopf‹ ist der Genuese Giuseppe Mazzini, der im Juli den patriotischen Geheimbund ›Giovine Italia‹ gründet.

**1840** Mit der sprachlich revidierten Fassung seines Romans ›I Promessi Sposi‹ (›Die Verlobten‹) entscheidet der Mailänder Schriftsteller Alessandro Manzoni die seit Jahrhunderten schwelende Frage, welches die italienische Hochsprache sein soll, zugunsten des Florentinischen.

**1848/49** In Norditalien erhebt sich die Bevölkerung gegen die Restaurationspolitik der Österreicher. Im Aufstand der ›Cinque Giornate‹ (›Fünf Tage‹) am 18.–22. März 1848 gelingt es der mailändischen Bevölkerung für kurze Zeit die Österreicher zu vertreiben. An die Spitze des Unabhängigkeitskampfes stellt sich Carlo Alberto von Piemont, doch er erleidet in Custoza bei Verona (23. Juli 1848) und ein Jahr später bei Novara (23. März 1849) verheerende Niederlagen.

**1852** Im Königreich Piemont-Sardinien treibt Ministerpräsident Graf Benso Camillo di Cavour eine konsequente Modernisierung und Liberalisierung voran und macht es so zur Keimzelle des künftigen italienischen Nationalstaates.

**1859** Durch ein Bündnis mit Frankreich militärisch gestärkt, erklärt Piemont-Sardinien Österreich den Krieg. Trotz der mit schweren Verlusten errungenen Siege bei Magenta und Solferino wird der Traum eines italienischen Einheitsstaates durch den Vorvertrag von Villafranca zwischen Frankreich und Österreich vorerst zunichte gemacht. Österreich tritt die Lombardei (ohne Mantua, das erst 1866 hinzukommt) an Frankreich ab, das die Region 1860 an Piemont-Sardinien gibt und dafür Savoyen und Nizza erhält.

**1860** Bei einer Volksabstimmung sprechen sich die italienischen Gebiete – bis auf Venetien (erst 1866) und Latium/Kirchenstaat (erst 1870) – mit überwältigender Mehrheit für den Anschluss an Piemont-Sardinien aus.

**1861** Vittorio Emanuele II. wird vom ersten frei gewählten Parlament zum Monarchen des neuen Königreichs Italien gewählt. Hauptstadt ist zunächst Turin, dann Florenz und ab 1870 Rom.

**1899** Am Stadtrand von Turin weiht Giovanni Agnelli die erste Fabrik des Automobilwerkes FIAT ein.

**1901** Eröffnung der Wertpapierbörse in Mailand, das zur wirtschaftlichen Hauptstadt Italiens aufsteigt.

**1919** Benito Mussolini gründet in Mailand seinen ersten politischen Kampfverband, den ›Fascio di combattimento‹.

**1921** Gründung des Partito Nazionale Fascista durch Mussolini.

**1922** Von König Vittorio Emanuele III. mit außerordentlichen Vollmachten ausgestattet, gelingt es dem ›Duce‹ Mussolini, Italien innerhalb kürzester Zeit in einen totalitären faschistischen Einparteienstaat zu verwandeln.

**1940** Italien tritt aufseiten Deutschlands in den Zweiten Weltkrieg ein.

**1943/44** Nach seinem Sturz am 25. Juli, wenige Tage nach der Waffenstillstandverkündigung am 8. September gründet Mussolini mit deutscher Protektion in Salò am Gardasee die ›Italienische Soziale Republik‹. 1944 wird er beim Versuch in die Schweiz zu fliehen von Partisanen erschossen. Sein Leichnam wird in Mailand öffentlich aufgehängt. Im von Faschisten besetzten und schwer bombardierten Norditalien kommt es zur Bildung einer Widerstandsbewegung.

**1946** Die Italiener entscheiden sich in einer Volksabstimmung für eine Republik. Die königliche Familie wird aus Italien verbannt.

**1948** Das Valle d'Aosta wird autonome Provinz.

**1958** Der aus der Nähe von Bergamo stammende Bauernsohn Angelo Giuseppe Roncalli wird zum Papst gewählt. Er gibt sich den Namen Johannes XXIII. († 1963).

**ab 1960** Mailand und Turin sind Zentren des italienischen Wirtschaftswunders. Mailand spielt weltweit eine führende Rolle im Industriedesign und in der Modebranche.

**1968/69** Die Studentenbewegung erfasst auch Italien. Norditalienische Zentren sind Mailand und Turin. Beginn des

*Papst Johannes XXIII. (1881–1963) öffnet seine Kirche dem Dialog mit der Welt*

›heißen Herbstes‹ mit Bombenanschlägen in Mailand. Erst Jahre später stellt sich heraus, dass die Bombenattentate ein Werk faschistischer Gruppen waren, mit dem Ziel, den Staat zu destabilisieren.

**1970** Neue Einteilung des italienischen Staates in 20 Regionen.

**1992** Die neu gegründete Lega Nord, die eine föderative Ordnung fordert, erntet triumphale Wahlerfolge in Norditalien. In der Lombardei und im Piemont erreicht sie 13–18 %.

**1994** Der Mailänder Anwaltspool ›Mani pulite‹ (›Saubere Hände‹) um den süditalienischen Staatsanwalt Antonio Di Pietro deckt ein Netz aus Korruption und die Verstrickung führender Repräsentanten von Wirtschaft und Politik mit dem organisierten Verbrechen auf. Angeklagt werden Politiker wie Bettino Craxi und Manager norditalienischer Spitzenunternehmen wie Olivetti, Fininvest oder Eni.

**1999** Piemont erhält den Zuschlag für die Ausrichtung der XX. Olympischen Winterspiele im Jahr 2006.

**2001** Zum zweiten Mal nach 1994 wird Silvio Berlusconi, Mailänder Medienmogul und Gründer der rechtsgerichteten Partei Forza Italia, Ministerpräsident Italiens. Er stützt sich auf ein Parteienbündnis, zu dem auch die föderalistische Lega Nord und die Postfaschisten von Alleanza Nazionale gehören.

**2003** FIAT gerät in die schwerste Krise seiner Geschichte. Der neue Präsident Umberto Agnelli, Bruder des im Januar verstorbenen FIAT-Patriarchen Giovanni, führt eine umfassende Sanierung durch.

# Sehenswürdigkeiten

# Mailand – die stolze Herrin der Lombardei und ihre Trabanten

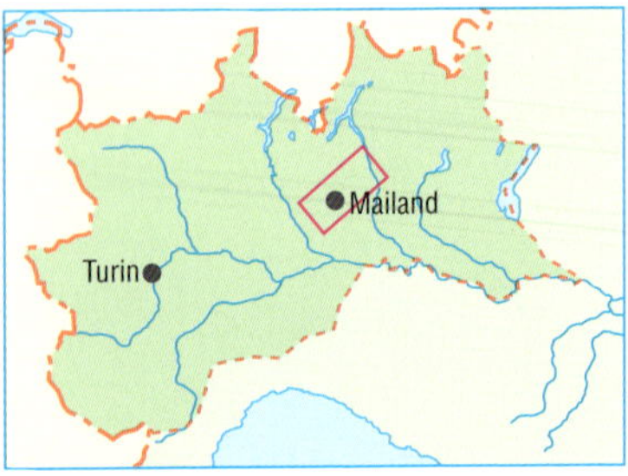


Die lombardische Metropole **Mailand** bezeichnet sich gern als ›heimliche Hauptstadt Italiens‹. Unbestritten ist das in der Poebene gelegene Mailand die wirtschaftliche Kapitale der gesamten Halbinsel, zugleich Dreh- und Angelpunkt der Medienlandschaft, Hochburg der **Mode** und des Wohndesigns, in der auch Kunst und Kultur nicht zu kurz kommen. Hochkarätigen Genuss versprechen z. B. die Opernaufführungen der legendären **Scala** und des **Piccolo Teatro** sowie die zahlreichen bedeutenden Kunstsammlungen, allen voran die Brera, und natürlich das weltberühmte ›**Abendmahl**‹ von Leonardo da Vinci, das seit einigen Jahren wieder im Kloster S. Maria delle Grazie zu bewundern ist. Und *Nachtschwärmer* schätzen die lebendige Szene in den Vierteln Brera, Ticinese und Navigli. Leider trifft man aber auch in Mailand auf die Schattenseiten einer modernen Großstadt wie Verkehrschaos, Dauersmog und triste, funktionale Architektur. Mailand ist eine Stadt der schneidenden *Kontraste*, wo Wolkenkratzer den mächtigen gotischen **Dom** überragen und Straßenbahnschienen neben römischen Säulen verlaufen. Andererseits trägt gerade diese Widersprüchlichkeit zu ihrem besonderen Reiz bei.

Nördlich von Mailand erstreckt sich zwischen den Flüssen Ticino und Adda die **Brianza** mit ihrem Zentrum **Monza**, Aufbewahrungsort der symbolträchtigen *Eisernen Krone* der Langobarden und Pilgerstätte aller Formel-1-Fans während des jährlichen ›Großen Preises von Italien‹. Noch bis vor 100 Jahren galt das sanft gewellte *Hügelland* als das Naherholungsgebiet der Mailänder. Mit der Industrialisierung geriet die Brianza allerdings in den Bann der Wirtschaftsmetropole und wurde entsprechend zersiedelt. Selbst in ehemals kleinen Dörfern entwickelte sich eine florierende Wirtschaft mit unzähligen Kleinstbetrieben, die vor allem der Textil- und Möbelindustrie zuarbeiten. Dem Musterbeispiel einer frühindustriellen *Arbeitersiedlung* begegnet man östlich von Monza in **Crespi d'Adda**, seit 1995 UNESCO-Weltkulturerbe.

## 1 Mailand

*Plan hintere Umschlagklappe*

*»Jedesmal, wenn ich auf den weiten Platz vor dem Hauptbahnhof hinaustrete und die kühne und elegante Silhouette des Wolkenkratzers vor mir sehe, den die Architekten Ponti und Nervi für den Pirelli-Konzern erbauten, freue ich mich hier zu sein.«*
Alice Vollenweider

*Milano* könnte zur Entdeckung werden. Noch immer glauben die meisten Besucher, dass sich im Schatten des grandiosen Doms alles um Showrooms und Börsenkurse, da Vinci und Opernfeste dreht. Doch wer sich Zeit nimmt, wird eine Stadt kennen lernen, die hinter ihrer geschäftigen Fassade noch manch andere Juwelen verbirgt.

***Geschichte*** Der geographisch günstigen Lage zwischen den südlichen Ausläufern der Alpen und dem Po verdankt die Stadt ihren römischen Namen: **Mediolanum** (= inmitten der Ebene). Bis heute ist Mailand Passage und Durchgang, Schnittpunkt vieler wichtiger Handels- und Verkehrswege.

Kaiser Augustus erhob den Ort 15 v. Chr. zur Hauptstadt der Provinz *Gallia Cisalpina* und Kaiser Diokletian 286 n. Chr.



**Vorhergehende Doppelseite:** *Besonders stimmungsvoll präsentiert sich die Piazza Ducale von Vigevano in der Abenddämmerung*

*Kunst und Konsum lassen sich vorzüglich vereinen: Wer's nicht glaubt, muss nur einen Fuß in die berühmte Galleria Vittorio Emanuele II. in Mailand setzen*

zu einer der vier Residenzstädte. Von Mediolanum aus verkündete Kaiser Konstantin das **Mailänder Edikt** (313), das den christlichen Glauben zur ›erlaubten‹ Religion erklärte. Bischof **Ambrosius** (339–397) stärkte die weltliche Macht der Kirche und war der Initiator zahlreicher Kirchenbauten, darunter S. Ambrogio und San Lorenzo.

Nach dem Untergang des Weströmischen Reiches 476 wechselten sich Ostgoten, Langobarden und Franken in der Herrschaft über Mailand ab. Als der römisch-deutsche *Kaiser Friedrich I. Barbarossa* einstige kaiserliche Rechte und Einkünfte in Oberitalien wieder herzustellen suchte, setzte sich die Kommune zur Wehr und wurde dafür vom Staufer 1162 zerstört. Doch ihr Widerstand war ungebrochen. Mit Unterstützung des Papstes gründete sie den Städtebund **Lombardische Liga** und besiegte Barbarossa 1176 in der *Schlacht von Legnano*. Die städtische Autonomie währte allerdings nur kurz. Ab dem 13. Jh. bestimmte die Familie der **Visconti** die Geschicke der Stadt. 1311 zu Reichsvikaren ernannt, gelang es ihnen einen Staat aufzubauen, der mit Mailand als Hauptstadt von der Lombardei bis nach Ligurien und in die Emilia reichte. Zum Prestigeobjekt *Gian Galeazzo Viscontis* avancierte der 1386 begonnene gotische Dom. Außerdem erwirkte er 1395 beim deutschen König Wenzel gegen eine erhebliche Summe seine Erhebung zum Herzog. Nach dem Tod des letzten männlichen Visconti Filippo Maria 1447 eroberte sein Schwiegersohn, der Söldnerführer *Francesco Sforza*, 1450 das Herzogtum und begründete ebenfalls eine Dynastie. Unter seinen Nachfolgern ragte **Ludovico Sforza, gen. il Moro** (reg. 1494–99) heraus, der Mailand zu einem glänzenden Zentrum der Renaissancekultur machte. So beauftragte er etwa den Architekten *Donato Bramante* mit zahlreichen Bauwerken und gewann das Universalgenie *Leonardo da Vinci* als Ingenieur und Organisator glanzvoller Hoffeste. Doch nach der Schlacht von *Pavia* (1525) verlor die Stadt ihre Selbstständigkeit und fiel für mehr als anderthalb Jahrhunderte an die **spanischen Habsburger**. Das kulturelle und geistige Leben dieser Zeit prägten Kardinal-Erzbischof *Carlo Borromeo* (1538–1584) und sein Neffe und Nachfolger *Federico Borromeo* (1564–1631), beide entschiedene Verfechter der Gegenreformation. Von 1713 bis 1859 unterstand die Stadt – abgesehen von einem kurzen Zwischenspiel unter **Napo-**

**leon Bonaparte** (1797–1815), der Mailand zur Hauptstadt der Cisalpinischen Republik (1797) und des Königreichs Italien (1805) machte – den **österreichischen Habsburgern**.

Während des **Risorgimento**, der italienischen Einigungsbewegung (1815–70), lehnte sich Mailand entschieden gegen die österreichische Fremdherrschaft auf. Doch erst im Zweiten Unabhängigkeitskrieg 1859 gelang es dank der Unterstützung des Königreichs Piemont-Sardinien und Frankreichs die Österreicher aus der Lombardei zu vertreiben. Nach der **Einigung Italiens** 1861 begann der rasante Aufstieg Mailands zur Wirtschaftsmetropole Italiens. Zwar wurde die Stadt während des **Zweiten Weltkrieges** stark zerstört, doch seit den 60er-Jahren des 20. Jh. avancierte sie gemeinsam mit Turin und Genua zum Zentrum der italienischen **Großindustrie**, in dem derzeit mehr als 10 % des italienischen Bruttosozialproduktes erwirtschaftet werden. Heute ist Mailand mit 1,3 Mio. Einwohnern (im Großraum ca. 3 Mio. Einw.) nach Rom die *zweitgrößte Stadt Italiens*. Zum ökonomischen Erfolg tragen auch Mode-, Verlags- und Printwesen, zeitgenössische Kunst und Wohndesign, Opern- und Theaterkultur, Messe- und Finanzdienstleister sowie Kommunikations- und Computerindustrie bei.

Dass Börsenkurse alleine den Charme einer Stadt nicht erhalten können, haben die Stadtplaner inzwischen erkannt. Ziel ist es, den ›Standort Mailand‹ zu optimieren – mit **Kultur**. So wird die Scala bis 2004 einer Verjüngungskur unterzogen, Stararchitekt *Renzo Piano* soll in den Trabantensiedlungen architektonisch die Lebensqualität steigern, während sein britischer Kollege *David Chipperfield* auf dem Gelände einer ehem. Maschinenfabrik im Süden der Stadt eine ganze *Città delle Culture* (Kulturstadt) baut.

**Zur Orientierung:** Wegen der allgegenwärtigen Verkehrsstaus empfiehlt es sich, bei der Anreise und in Mailand auf das Auto zu verzichten. Die Stadt ist mit der Bahn sehr gut zu erreichen und der Hauptbahnhof *Stazione Centrale* ist an die U-Bahn *Metropolitana* angeschlossen. Die Straßenbahnlinien 29 und 30 ermöglichen sogar eine kleine Stadtrundfahrt. Wer dennoch mit dem Wagen kommt, kann ihn in den gebührenpflichtigen Tiefgaragen an der Piazza Diaz, in der Via San Marco oder in der Via Santa Radegonda dauerparken.

## Der Dom und der Salon der Mailänder

Idealer Ausgangspunkt für eine Altstadtbesichtigung ist die weite *Piazza del Duomo*, der Treffpunkt der Mailänder.

TOP TIPP Wie Zuckerbäckerwerk wirkt der **Duomo S. Maria Nascente** 1 (tgl. 7–19 Uhr), auf dessen Vierungsturm in 108 m Höhe die vergoldete Marienstatue *La Madonnina* als Symbolfigur Mailands über das Wohl der Stadt wacht. Der Monumentalbau wurde 1386 unter dem ersten Herzog von Mailand, Gian Galeazzo Visconti, begonnen, im Jahre 1572 geweiht, aber erst Anfang des 19. Jh. auf Druck von Napoleon, der sich in der Kirche krönen ließ, mit der prächtigen, spitzgiebeligen Marmorfassade vollendet. Detailarbeiten zogen sich allerdings noch bis ins 20. Jh. hin. Bis Anfang des 16. Jh. war der Mailänder Dom die größte Kirche der Welt und noch heute beeindrucken seine Maße: 158 m Länge, 96 m Querschiffbreite, 66 m Langhausbreite, 45 m Mittelschiffhöhe und eine Grundfläche von 11 700 m².

Über 3400 *Marmorstatuen* und 145 Fialen, unzählige Giebel und Wimperge schmücken die filigrane **Fassade**. Manche Statuen wurden noch in den 1930er-Jahren angebracht wie das kahlköpfige Porträt des exzentrischen Stardirigenten Toscanini an der Fassadeninnenseite des südlichen Querschiffes oder der Kopf von Papst Pius XI., der Mussolini mit den Lateranverträgen von 1929 internationales Prestige verschafft hatte. Bemerkenswert an der Baugeschichte ist, dass in Zeiten, als Renaissance bzw. Barock längst im Rest der Welt Einzug gehalten hatten, die italienischen, französischen und deutschen Architekten noch immer unverdrossen und stilgetreu an diesem *größten gotischen Bau Italiens* arbeiteten.

40 Strebebögen stützen die Außenwände der fünfschiffigen Basilika mit dreischiffigem Querhaus und polygonalem Chor, während im **Inneren** das Rippengewölbe auf 52 kolossalen Bündelpfeilern lastet. Ein diffuses, dämmriges Licht strömt durch die Kirchenfenster mit ihren Glasmalereien, von denen einige noch aus dem 15./16. Jh. stammen. Die Innenausstattung trägt den Stempel des manieristischen Künstlers *Pellegrino Tibaldi*, der Ende des 16. Jh. auch den Vierungsturm sowie den Hochaltar und die

*Gottes und Marien Lob in weißem Marmor – Prachtstück des Duomo S. Maria Nascente aus dem 14. Jh. ist die hoch emporstrebende Schaufassade, die erst im 20. Jh. vollendet wurde*

Krypta gestaltete. Hauptanziehungspunkte der Kirche sind der **Domschatz** (tgl. 9–12 und 14.30–18 Uhr) in der Krypta mit kostbaren Silber- und Goldarbeiten sowie Elfenbeinschnitzereien aus dem 4.–17. Jh. und der berühmte siebenarmige **Trivulzio-Kandelaber** im nördlichen Querschiff, ein 5 m hohes Bronzewerk der Romanik. Seitlich des Hauptportals führen Treppen hinab zu den **Scavi Archeologici Paleocristiani** (tgl. 9.30–17.15 Uhr) mit Resten der Vorgängerkirche *S. Tecla* (Mitte 4. Jh.) und des achteckigen Baptisteriums S. Giovanni alle Fonti, wo Bischof Ambrosius der Legende nach im Jahr 378 den späteren Kirchenvater Augustinus getauft haben soll.

Nicht versäumen sollte man einen Spaziergang auf den marmorverkleideten Dachterrassen, den **Terrazzi** (Aufzug und Treppe an der linken Außenseite des Doms, März–Okt. tgl. 9–17.15 Uhr, sonst bis 16.15 Uhr). Über die Stadt hinweg reicht der Blick an klaren Tagen bis in die Poebene und zu den Alpen.

Eine schöne Aussicht auf die unzähligen Statuen, Fialen und Kreuzblumen des Doms genießt man von der Fensterfront des *Bistro Duomo* (Mo–Sa 12–15 und 18–21.40 Uhr, So nur vormittags) im obersten Stockwerk des Kaufhauses **La Rinascente** 2 links vom Dom.

Als weltlicher Gegenpol zum Dom entstand an dessen Südostseite 1138 der *Broletto Vecchio* (Rathaus), der später als **Palazzo Reale** 3 Sitz der spanischen Gouverneure und der Österreicher war. Von Giuseppe Piermarini 1772 klassizistisch umgestaltet, beherbergt er heute Wechselausstellungen sowie das *Museo del Duomo* (tgl. 10–13.15 und 15–18 Uhr) mit einem riesigen Holzmodell des Doms im Maßstab 1 : 20. Im benachbarten **Palazzo Arcivescovile** 4 (13. Jh., 15.–18. Jh. mehrfach verändert) logiert der für sein soziales Engagement bekannte Kardinal von Mailand, *Carlo Maria Martini*, der von nicht Wenigen zu den künftigen *Papabili* (Papstkandidaten) gezählt wird.

Ein Stück Mittelalter lebt noch auf der *Piazza Mercanti,* dem einstigen Marktplatz und Zentrum der Stadt. Den Platz beherrscht der lang gestreckte **Palazzo**

*Die1867 eröffnete Galleria Vittorio Emanuele II. besticht noch heute durch ihre erhaben kühne Glas-Eisen-Konstruktionen von Architekt Giuseppe Mengoni*

**della Ragione** 5 (Broletto Nuovo, 1228–33), der aus einer offenen Pfeilerhalle und einer darüber liegenden großen Versammlungshalle mit romanischen Rundbogenfenstern besteht. Der Auftraggeber und erste Podestà (Stadtoberhaupt) Mailands, Oldrado da Tresseno, ließ sich in einer Reiterskulptur an der Fassade verewigen. *Matteo Visconti* errichtete 1316 die schwarz-weiß gebänderte **Loggia degli Osii** 6 gegenüber. Die Erdgeschossarkaden schmücken die Wappen der Mailänder Stadtviertel und der Visconti mit dem *Biscione* (Viper), aus dessen Schlund eine Jünglingsfigur entspringt.

Nun geht man zurück zum Domplatz und zur **Galleria Vittorio Emanuele II.** 7. Nach der endgültigen Vertreibung der Österreicher 1859 wollte die Stadtregierung ein ›modernes‹ Zeichen setzen. Nach nur zweijähriger Bauzeit wurde die imposante Glas-Stahl-Konstruktion des Giuseppe Mengoni 1867 eingeweiht. Die kreuzförmige *Passage* mit der 47 m hohen Glaskuppel avancierte rasch zum Salon der Mailänder, zum politischen und gesellschaftlichen Treffpunkt. Auch wenn einige historische Bars und Cafés mittlerweile Fast-Food-Lokalen oder Konsumtempeln weichen mussten und fliegende Händler Dutzendware anbieten, ist die Galerie mit ihren glitzernden Vitrinen und Bistrotischchen in der ersten Reihe noch immer Laufsteg und Bühne zugleich. Zu den Traditionslokalen der *Milano Bene* (›Mailands bessere Gesellschaft‹) gehören das erlesene *Savini* und das legendäre Jugendstillokal *Zucca*, wo sich bereits Puccini und Verdi zum Aperitif trafen.

## La Scala und La Brera

Nach Norden mündet die Galleria in die *Piazza della Scala* mit dem Denkmal Leonardo da Vincis (1827). Hier prangt der mächtige **Palazzo Marino** 8, ein im 16. Jh. entworfener manieristischer Stadtpalast, heute als *Municipio* Sitz der Mailänder Stadtregierung. Gegenüber erhebt sich das weltberühmte und doch erstaunlich nüchterne **Teatro alla Scala** 9, Tempel des italienischen *Belcanto*. Im Auftrag der österreichischen Gouverneure erbaute Giuseppe Piermarini 1775–78 das klassizistische Theater, ihm musste die Kirche S. Maria della Scala weichen. Auf der mit 780 $m^2$ größten Bühne Europas erlebten Giuseppe Verdis ›Otello‹ (1887) und ›Falstaff‹ (1893) sowie Puccinis ›Madama Butterfly‹ (1904) und ›Turandot‹ (1926) ihre Uraufführung, inszenierten Giorgio Strehler und Nobelpreisträger Dario Fo, dirigierten Arturo Toscanini, Claudio Abbado und Riccardo Muti, lieferten sich Maria Callas und Renata Tebaldi unvergleichliche Arienduelle. Bis Dezember 2004 allerdings wird der Bühnenvorhang im hufeisenförmigen und mit rotem Damast ausgekleideten Zuschauersaal (2800 Plätze) geschlossen bleiben. Eine aufwendige Restaurierung der Räumlichkeiten sowie die Modernisierung der technischen Ausstattung sind im Gange. Zum vorübergehenden Sitz der Scala wurde das vom Architekten Vittorio Gregotti im nördlichen Viertel *Bicocca* neu erbaute **Teatro degli Arcimboldi** 10 (Via dell' Innovazione, Internet: www.teatroallascala.org, Ticket-Tel. 02 86 07 75, Shuttle-Service ab Piazza Duomo 1,5–1 Std. vor

*Hinter den klassizistischen Mauern des Teatro alla Scala verbergen sich ›heilige Hallen‹ der Opernkunst; wer auf dieser Bühne singt, hat es wahrhaftig geschafft*

Vorstellungsbeginn), das am 18. Januar 2002 mit einer Aufführung von Verdis ›La Traviata‹ feierlich eröffnet wurde. Traditionalisten unter den Opernliebhabern können sich derweil mit einem Besuch des **Museo Teatrale alla Scala** 11 trösten, das für die Zeit des Umbaus im *Palazzo Busca* (Corso Magenta 7) logiert. Den Gang durch die Operngeschichte illustrieren Büsten berühmter Komponisten, Primadonnen und Startenöre, Bühnenentwürfe und Originalpartituren sowie zahlreiche ›Reliquien‹ der Scala-Protagonisten, wie Verdis Spinett, der Taktstock Toscaninis oder ein Gipsabdruck der linken Hand Chopins.

Das schicke *Brera-Viertel* mit seinen modernen Kunstgalerien, edlen Boutiquen und Designergeschäften in der südlichen Altstadt bildet einen würdigen Rahmen für die **Pinacoteca di Brera** 12 (Di–So 8.30–19.15 Uhr, Internet: www.brera.beniculturali.it), ein Museum von Weltrang. Kaiserin Maria Theresia stiftete ›die Brera‹ als *Studiensammlung* für die 1776 gegründete Kunstakademie. Dank der Säkularisierung im 19. Jh. und den napoleonischen Beutezügen konnte sie ihre Bestände wesentlich erweitern und gehört heute zu den bedeutendsten Pinakotheken Italiens. Die über 2000 Gemälde des 13.–20. Jh. stammen von den großen Meistern der italienischen Malerei wie Raffael, Mantegna, Tizian, Tiepolo und Veronese.

TOP TIPP

*Raffaels ›Hochzeit Mariens‹ (1504), eines der Meisterwerke in der Pinacoteca di Brera*

Zu den **Glanzpunkten** der Sammlung gehören: die äußerst realistische Komposition ›Der tote Christus‹ (um 1480) von *Andrea Mantegna*, die durch gewagte Verkürzungen und das fahle Licht besonders dramatisch wirkt; die ›Auffindung des Leichnams des hl. Markus‹ (1562) von *Tintoretto* in der für venezianische Malerei typischen verschwommenen *Sfumato-Technik*; die ›Pala di Federico da Montefeltro‹ (1472–74) von *Piero della Francesca*, das erste Renaissance-Porträt überhaupt; die berühmte ›Vermählung Mariä‹ von *Raffael* (1504) und *Caravaggios* Meisterwerk ›Abendmahl von Emmaus‹ (1606), dessen starke Hell-Dunkel-Kontraste in der damaligen Malerei ein absolutes Novum waren.

Einen weiteren Schwerpunkt der Brera bildet die **niederländische Malerei** des 16./17. Jh. (Rembrandt, Rubens, Van Dyck). Die **Moderne** ist vor allem durch Werke der *Futuristen* mit ihrer Verherrlichung von Geschwindigkeit und Bewegung vertreten sowie durch die *Pittura metafisica*, eine Kunstrichtung, in deren Mittelpunkt die Verfremdung von Natur, Mensch und Architektur steht.

## Große Kunst und Kaufrausch

Von seinen Streifzügen bei Antiquitätenhändlern und von zahlreichen Reisen brachte der Edelmann *Gian Giacomo Pezzoli* (1822–1879) kostbare Teppiche und Textilien, Waffen und Goldschmiedearbeiten, Skulpturen und Gemälde mit, später kam eine ausgefallene Kollektion mechanischer Uhren hinzu. Die Sammlung ist in 24 stuckgeschwängerten Sälen seines eklektizistischen *Stadtpalais* (17. Jh.), des **Museo Poldi Pezzoli** 13 (Via Manzoni 12, Di–So 10–18 Uhr), zu sehen. Zu den Schmuckstücken unter den Gemälden gehören die berühmte ›Junge Dame‹ (1443) von *Piero del Pollainolo* sowie die dramatische ›Beweinung Christi‹ (um 1495) von *Sandro Botticelli*.

Ein erlesenes Wohnmuseum im Stil der Renaissance ist das **Museo Bagatti Valsecchi** 14 (Via S. Spirito 10, tgl. Di–So 13–17.45 Uhr) einige Straßen weiter. Die mit kostbaren Möbeln, Kunsthandwerk und Gemälden – z. B. ›S. Giustina de' Borromei‹ (1470/75) von *Giovanni Bellini* – überbordend ausgestatteten Räume geben dem Besucher einen Einblick in die Wohnkultur des Adels am Ende des 19. Jh.

Zeitgenössische Objekte der Begierde zeigen die Vitrinen der angrenzenden **Via**

*Einfallsreich und immer in – die Geschäftsauslagen der Via Monte Napoleone und ihrer Seitenstraßen bestätigen stets aufs Neue Mailands Ruf als ›Hauptstadt der Mode‹*

**Monte Napoleone** 15, der Via della Spiga und deren Nebenstraßen. Das ›*Goldene Karree der Mode*‹ ist die Topadresse der italienischen Designer und Modeschöpfer, in deren Showrooms vor allem im März und Oktober eine glanzvolle Präsentation die andere jagt. Wer hingegen eher *erschwingliche Mode* sucht, kommt am nahen Corso Vittorio Emanuele, im Brera-Viertel, am nordöstlichen Corso Buenos Aires oder am Corso di Porta Ticinese im Süden auf seine Kosten. Zu einer stilgerechten Espressopause beim Einkaufsbummel lockt das *Caffè Cova* (Via Monte Napoleone 8).

In einer Stadt, von der so viele künstlerische Impulse für die italienische Moderne ausgegangen sind, darf eine Sammlung moderner Kunst nicht fehlen. TOP TIPP Das **Museo della Permanente** 16 (Via Filippo Turati 34, Di–Fr 10–13 und 14–18.30, Sa/Fei 10–18.30 Uhr, Internet: www.lapermanente-milano.it) nördlich des ›Modekarrees‹ beherbergt im 1. Stock eine Sammlung italienischer Werke des Futurismus, vertreten durch *Umberto Boccioni*, metaphysischer Malerei eines *Giorgio De Chiricos* und abstrakter Kunst *Lucio Fontanas*.

Einen prächtigen Rahmen für die **Civica Galleria d'Arte Moderna** 17 (Di–So 9–17.30 Uhr) gibt die Ende des 18. Jh. vom Wiener Architekten Leopold Pollack erbaute neoklassizistische *Villa Reale* in den südöstlich gelegenen Gärten. Sie zeigt qualitätvolle Gemälde und Skulpturen vom Klassizismus über die Romantik bis zur Moderne, darunter eine Werkschau des toskanischen Bildhauers *Marino Marini* (1901–1980) und das Gemälde ›Quarto Stato‹ (1901) von *Pelizza da Volpedo*, das zu einem Symbolbild revolutionärer Bewegungen avancierte.

## Von Kirchenmännern, Burgherren und Börsianern

Mit wenigen Schritten erreicht man vom Dom über die verkehrsreiche Via Torino die etwas eingezwängt stehende Basilika **S. Maria Presso San Satiro** 18 (Mo–Sa 7.30–11.30 und 15.30–19, So 15.30–18 Uhr), ein Juwel der Frührenaissance. *Donato Bramante* errichtete Ende des 15. Jh. im Auftrag von Ludovico il Moro über einem Vorgängerbau des 9. Jh. die dreischiffige Kirche mit Querhaus und großartiger Kassettenkuppel. Viel bewundertes Meisterstück ist die *gemalte Chorapsis*: Da für eine echte Chorerweiterung kein Platz war, wurde sie inklusive kassettiertem Tonnengewölbe mittels Flachreliefs und illusionistischer Architekturmalerei vorgetäuscht.

*Trendsetter – Mode made in Mailand*

## Alta Moda zu niedrigen Preisen

*Mailand ist die* **Modehauptstadt** *Italiens. Alle großen Namen der ›Alta Moda‹, der exquisiten Designermode, sind hier vertreten: Armani, Dolce & Gabbana, Gucci, Moschino, Prada, Valentino, Versace, Ermenegildo Zegna, um nur einige zu nennen. Doch die teueren Stücke in den wie Kunsttempel ausstaffierten Vitrinen sind für die meisten Kunden unerschwinglich. Daher lohnt es sich auf die* **Saldi** *zu warten, den Ausverkauf im Januar/Februar und Juni/Juli. Und wer nicht unbedingt die brandneuesten Modelle benötigt, findet Designerstücke auch zu stark ermäßigten Preisen in folgenden Geschäften:*

**Centro Scarpe Stock**, *Via Torino 51. Laden mit breiter Auswahl an modischen Schuhen, vor allem für Damen.*

**Il Salvagente**, *Via Fratelli Bronzetti 16. Das stets überlaufene Geschäft bietet Preisreduzierungen von 50–70 %.*

**Il Salvagente Bambini**, *Via Balzaretti 28. Kleidung für Kids von 0 bis 16 Jahren.*

**Intimo + Mare**, *Via Giovanni da Milano 4. Dessous und Bademode.*

**Flash Stockhouse**, *Via Castel Morrone/ Via G. Modena. Reiche Auswahl, auch an neuen Kollektionen, bis zu 40 % heruntergesetzt.*

**Vestistock**, *Viale Romagna 19. Große Auswahl und bis zu 50 % Ermäßigung.*

*Daneben bieten viele Firmen auch* **Direktverkauf**:

**Dolce Saverio**, *Via Rossini 70, Legnano (bei Mailand). Dolce & Gabbana der letzten Saison und einige Stücke zweiter Wahl, 20–40 % herabgesetzt.*

**Mila Schön Spaccio**, *Via Guido Rossa 1, Arluno (bei Mailand). Mode der vorherigen Saison bis zu 75 % billiger.*

**Spaccio Superga**, *Via Olgia 18, Segrate (bei Mailand). Freizeitbekleidung und -schuhe.*

**Timberland Factory Outlet**, *Via Piave 26, Pero (bei Mailand). Outdoor-Bekleidung, Schuhe und Taschen.*

Weiter geht es über die Schlemmermeilen *Via Speronari* und *Via Spadari* mit ihrer opulenten Auswahl an Käse- und Schinkensorten, Wein und Süßwerk zum **Palazzo dell'Ambrosiana** 19. *Federico Borromeo*, der mächtige Kardinal von Mailand, gab den Palast 1603 für seine umfangreiche Bücher- und Handschriftensammlung in Auftrag. Sie bildete den Grundstock für eine der ersten öffentlichen Bibliotheken Italiens. Etwas später kam die wertvolle Kunstkollektion des Kirchenmannes hinzu. Unter den Archivschätzen der **Biblioteca Ambrosiana** (Mo–Fr 9.30–17 Uhr), die heute mit über 750 000 Büchern und 35 000 Manuskripten zu den bedeutendsten Bibliotheken der Welt zählt, befindet sich der berühmte ›Codex Atlanticus‹ von *Leonardo da Vinci*. In den 24 Sälen der **Pinacoteca Ambrosiana** (Di–So 10–17.30 Uhr) werden herausragende Gemälde des 15. und 16. Jh. gezeigt, darunter Werke von Botticelli, Tizian und Jan Breughel. Zu den Höhepunkten der Sammlung gehören das ›Porträt eines Musikers‹ (um 1490) von *Leonardo da Vinci*, der einzig erhaltene Karton (um 1510) von *Raffaels* ›Schule von Athen‹ als Entwurf für die Stanzen des Vatikan und der ›Früchtekorb‹ (1596) von *Caravaggio*, der als Erfinder des realistischen Stilllebens gilt.

Einige Häuser weiter werden hinter der imposanten Fassade des **Palazzo Mezzanotte** 20 an der Piazza Affari 95 % der italienischen Wertpapiere gehandelt. Die *Mailänder Börse* ist mit Abstand der bedeutendste Börsenplatz des Landes und nimmt in Europa Platz vier ein. Die lan-

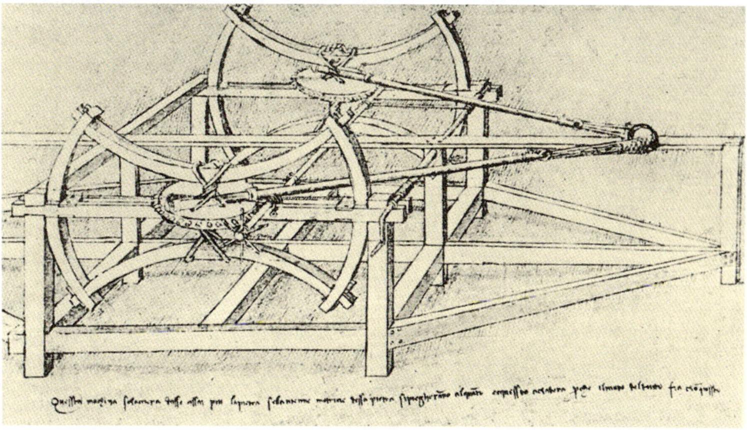

*Die Biblioteca Ambrosiana besitzt u. a. kostbare Zeichnungen Leonardo da Vincis*

ge Tradition des lombardischen Geldhandels spiegelt sich auch in Begriffen wie Lombardkredit und -satz wider. Sie gehen auf hiesige Geldverleiher zurück, die seit dem 13. Jh. Geld gegen feste Sicherheiten verliehen.

Ein Stück Theatergeschichte schrieb das **Piccolo Teatro** 21, beheimatet im *Palazzo Carmangnola* (14. Jh.) in der Via Rovello 2, das in der Nachkriegszeit die Bühne bewusst einem breiten Publikum öffnete, ohne deshalb volkstümlich zu sein. Neue Theatermaßstäbe setzte sein Begründer *Giorgio Strehler* (1921–1997) mit internationalem Repertoire und unkonventionellen Inszenierungen. Mit inzwischen drei Spielstätten – neben dem Stammhaus das *Nuovo Piccolo Teatro Strehler* am Largo Greppi und die Experimentalbühne *Teatro Studio* in der Via

*Wuchtige Viereck- und Rundtürme bewachen das Castello Sforzesco (15. Jh), eine der größten Burgen Europas und heute Sitz interessanter Museen*

Rivoli 6 – steht das ›Piccolo‹ unter der künstlerischen Leitung von *Luca Ronconi* wieder an der Spitze innovativer italienischer Theater.

Die um die Wende zum 20. Jh. angelegte breite Prachtstraße *Via Dante* öffnet den Blick auf das turmbewehrte **Castello Sforzesco** 22. 1450 ließ *Francesco Sforza* die quadratische Trutzburg auf den Fundamenten einer Burg der Visconti als herzogliche Residenz erbauen. Den beiden gigantischen Rundtürmen an der Stadtseite, die als Trinkwasserzisternen dienten, entsprechen an der Rückseite zwei riesige quadratische Wachtürme. Die **Torre del Filarete** (1452), der 70 m hohe, fünfte Turm am *Haupteingang*, diente als Aufbewahrungsort für Schießpulver. Die gesamte Anlage wird von einem *Wassergraben* umschlossen. Ein zweiter Graben verlief einst durch den Innenhof und trennte den militärischen Bereich vom Wohntrakt ab, der nur über eine Zugbrücke zugänglich war. Unter *Galeazzo Maria Sforza* entstand in diesem Wohnareal links der Corte Ducale (Herzogshof) und rechts die Rocchetta, ein eigens befestigter Zufluchtsort. Daneben ließ nach der Ermordung von Galeazzo im Jahr 1476 seine Witwe *Bona di Savoia* zur Sicherheit einen weiteren Wohnturm errichten.

*Michelangelos ›Pietà Rondanini‹ nimmt in den Corte Ducale einen Ehrenplatz ein*

Ihre Blütezeit erlebte die Festung unter *Ludovico il Moro* und seiner Frau *Beatrice d'Este* ab 1494. An ihrem prunkvollen Hof verkehrten Intellektuelle, Astronomen und Musiker. *Donato Bramante* und *Leonardo da Vinci* wurden damals mit Ausbau und Bemalung der Innenräume beauftragt. Die Spanier erweiterten schließlich Mitte des 16. Jh. das Castello um einen Mauerstern und sechs Bastionen. Es war damit eine der mächtigsten Burgen Europas, verfiel jedoch nach der Eroberung durch französische Truppen 1796 zusehends. Was sich heute als gewaltiges Zeugnis der Renaissance darbietet, wurde Ende des 19. Jh. im Sinne des Historismus restauriert.

Die einstigen Wohnräume berherbergen Archive, Bibliotheken und die **Musei del Castello Sforzesco** (Di–So 9–17.30 Uhr). Zu den Attraktionen der **Rocchetta** zählt das *Musei degli Strumenti Musicali*, eine der bedeutendsten Sammlungen von Saiten-, Blas- und Tasteninstrumenten in Europa. Im Erdgeschoss der **Corte Ducale** befindet sich ein *Skulpturenmuseum*. Publikumsmagneten sind hier das monumentale Grabmal des Bernabò Visconti (14. Jh.) mit einer Reiterstatue des gotischen Bildhauers Bonino da Campione und *Michelangelos* letztes Werk, die unvollendet gebliebene ›Pietà Rondanini‹ (1564). Ein Schmuckstück unter den Festsälen ist die von Leonardo da Vinci 1497/98 ausgemalte *Sala delle Asse*. Sie ist mit einer Art Blätterpergola überzogen, wobei durch die verflochtenen Äste eines Baumes der Himmel durchscheint und der Eindruck entsteht, man befinde sich im Freien. Das Obergeschoss birgt einen schönen *Freskenzyklus* (Ende 15. Jh.) mit der Griselda-Legende und die *Pinacoteca* mit Werken von Andrea Mantegna, Giovanni Bellini, Tintoretto, Francesco Guardi und Canaletto.

Im Nordwesten des Castello schließt sich der weitläufige **Parco Sempione** 23 an, einst Jagdgebiet der Sforza, heute der Englische Garten Mailands. Napoleon hinterließ im Park die klassizistische *Arena*, die heute als Sportstätte dient, und den *Arco della Pace*, gekrönt von einer bronzenen Friedensgöttin mit ihrem Sechsergespann. In einem schönen Jugendstilgebäude neben der Arena befindet sich das *Acquario Civico* (tgl. 9.30–17.30 Uhr), das mit seinen 48 Becken die Meereswelt präsentiert.

Wer gut zu Fuß ist, sollte vorbei an der *Via Sarpi*, der ›Chinatown‹ Mailands, zum **Cimitero Monumentale** 24 (Di–So 8.30–17, im Winter bis 16.45 Uhr) spazieren. In der Friedhofsanlage aus dem späten 19. Jh. konkurrierte das aufstrebende Mailänder Bürgertum mit möglichst aufwendigem Skulpturenschmuck selbst noch im Tod miteinander. Über dem Familiengrab der Panettone-Hersteller *Motta* etwa erhebt sich ein granitener Gugelhupf, über der Ruhestätte von *Ferdinando Bocconi*, Gründer der gleichnamigen Mailänder Wirtschaftsuniversität, ein 20 m hoher marmorner Baldachin. Im *Famedio*, dem sog. Ruhmestempel am Eingang des Friedhofes, liegen der Dichter *Alessandro Manzoni,* der Nobelpreisträger *Salvatore Quasimodo* und *Carlo Cattaneo*, Anführer des Fünf-Tage-Aufstandes von 1848, begraben.

*Gewaltige Grabmäler birgt der Cimitero Monumentale, hier das der Morgagni*

## Kirchen, Heilige und ein Genie

»Das ›Abendmahl‹ ist Mailand und Mailand das ›Abendmahl‹«, verkündete Roberto Formigoni, Präsident der Region Lombardei, im Mai 1999 nach Abschluss der über 20 Jahre andauernden Restaurierungsarbeiten am wohl berühmtesten Werk von *Leonardo da Vinci*. Das Wandbild im Dominikanerkloster **S. Maria delle Grazie** 25 (Mo–Sa 7–12 und 15–17, So 15.30–18 Uhr), beide sind UNESCO Weltkulturerbe, gehört zu den bedeutendsten Sehenswürdigkeiten Mailands. Die dreischiffige *Klosterkirche* am verkehrsumtosten *Corso Magenta* wurde 1466–90 von dem damals führenden Baumeister Guiniforte Solari im gotischen Stil begonnen. Ludovico il Moro, der sich die Kirche als Grablege auserwählt hatte, beauftragte 1492 *Donato Bramante* mit dem Umbau. Dieser fügte den stimmungsvollen *Kreuzgang* und den mächtigen überkuppelten *Vierungsturm* hinzu, der mit seinem durch Säulen und Fenster rhythmisierten und reich verzierten Baukörper zum Vorbild für zahlreiche Zentralbauten in der Lombardei avancierte.

Drei Jahre später wurde bei Leonardo da Vinci als Wandgemälde für das *Refektorium* des Klosters ein **›Abendmahl‹** (›Cenacolo Vinciano‹, Eingang links der Kirche, Di–So 8.15–19 Uhr, Anmeldung obligatorisch, Tel. 02 89 42 11 46) in Auftrag gegeben. Von den verheerenden britischen Bombardements 1943 blieb das Meisterwerk wie durch ein Wunder verschont. Es hatte allerdings schon kurz nach seiner Vollendung 1498 erste *Schäden* gezeigt. Schuld daran war Leonardos neuartige *Maltechnik*. Statt wie in der Freskenmalerei die Farben auf den noch feuchten Putz aufzutragen, hatte der experimentierfreudige Meister mit Tempera auf Trockenputz gemalt. Doch an der chronisch feuchten Wand verblassten die Farben schnell. Während für seine Malerkollegen und die Kunstgeschichte das Bild bald zur *Ikone* wurde, wollte Leonardo selbst sein Werk wegen des schlechten Zustands jahrelang nicht mehr sehen.

Neben der meisterhaften *Komposition* der Szene – der dargestellte Raum scheint den realen Raum zu erweitern und die Lichtführung im Bild folgt dem natürlichen Lichteinfall im Refektorium – fasziniert vor allem die *Psychologisierung* der Bildaussage. Dargestellt ist der Moment, nachdem Christus enthüllt: »Einer von euch wird mich verraten«. Der Betrachter spürt die *Betroffenheit* unter den Jüngern, die in Dreiergruppen arrangiert sind und lebhaft diskutieren. Nur »Judas, der Verräter, sitzt wie erstarrt in der Runde. In der Mitte: Jesus, unendlich traurig, als ob er über seine beschissene Lage nachdächte.« (*Dario Fo*). Ganz im Schatten

*In den Jahren 1495–97 malte Leonardo da Vinci sein Meisterwerk das ›Abendmahl‹ an eine Wand im Refektorium des Mailänder Klosters S. Maria delle Grazie*

des überwältigenden ›Abendmahls‹ steht das gut erhaltene Fresko gegenüber, die ›Kreuzigung‹ von Giovanni Donato Montorfano (1495).

Den Einfluss Leonardos zeigen auch die *Freskenzyklen* mit Heiligendarstellungen im vollständig ausgemalten Innenraum der Renaissancekirche **S. Maurizio** 26 (Corso Magenta 15, Di–So 9–12 und 14–17.30 Uhr). Besonders einprägsam sind im Nonnenchor die Wandmalereien zur Passion Christi (1522–29) von da-Vinci-Schüler *Bernardino Luini*.

Das nahe gelegene Technikmuseum **Museo della Scienza e della Tecnica Leonardo da Vinci** 27 (Di–Fr 9.30 – 17, Sa/So bis 18.30 Uhr) bietet u. a. eine Galerie mit Entwürfen und 30 *Modellen* zu Baukunst und technischen Erfindungen Leonardos. Daneben beeindrucken vor allem die umfangreichen Sammlungen zu Schiff- und Luftfahrt, Eisenbahn- und Motorwesen sowie Telekommunikation und Informatik, darunter ein rekonstruierter *Jugendstilbahnhof* mit Dampfloks, ein 51 m langes Segelschiff sowie die begehbare Kommandobrücke eines alten Atlantikkreuzers.

Wenige Schritte weiter erhebt sich auf der gleichnamigen Piazza die Kirche **S. Ambrogio** 28 (tgl. 9–12 und 14.30–18 Uhr). Sie geht auf eine Stiftung des Stadtpatrons *Ambrosius* zurück, der am 7. Dezember 374 zum Mailänder Bischof gewählt wurde. Er besaß großen Einfluss bei den weltlichen Herrschern und festigte die Position der Kirche. Die *ambrosianische Liturgie* und der ebenfalls von Ambrosius eingeführte kirchliche *Hymnengesang* bestimmen noch heute die Messen in den Mailänder Kirchen. Sein Gepräge erhielt das Gotteshaus im 11. und 12. Jh. Ein von hohen Pfeilerarkaden eingefasstes *Atrium* führt zu der von zwei Campanili flankierten und von Rundbögen gegliederten **Schirmfassade** mit Vorhalle. Aus der frühchristlichen Säulenbasilika mit offenem Dachstuhl (379–387) war in der Romanik diese *Emporenbasilika* mit Stützenwechsel und Tambourkuppel über dem Mittelschiff entstanden. In den Seitenschiffen wurde ein Kreuzgratgewölbe eingezogen, das Rippengewölbe im Mittelschiff wurde vorbildlich für den lombardischen Wölbungsbau. Blickpunkt im dämmrigen **Inneren** sind das *Ziborium* (um 900), der von römischen Porphyrsäulen getragene Altarbaldachin, und der mit Edelsteinen besetzte *Altare d'Oro* des Meisters Volvinius (835), ein Kleinod karolingischer Kunst. Seine aus vergoldetem Silberblech getriebenen Reliefs zeigen Szenen aus dem Leben Christi und des hl. Ambrosius. Aus dem 12. Jh. stammt die *Marmorkanzel* im Mittelschiff, die sich über einem Ehegatten-Sarkophag aus dem 4. Jh. erhebt. Vom rechten Seitenschiff aus erreicht man die überkuppelte Grabkapelle *S. Vittore in Ciel d'Oro* mit wertvollen Mosaiken aus dem 5. Jh. Sie zeigen die hll. Ambrosius, Gervasius und Protasius, deren Gebeine in der *Krypta* beigesetzt sind.

An die römische Glanzzeit Mailands erinnert die Ende des 4. Jh. gegründete Kirche **San Lorenzo Maggiore** 29 (Mo–Sa 7.45–12 und 15–18, So 14–18 Uhr) weiter südöstlich am Corso di Porta Ticinese. Die 16 korinthischen *Säulen* auf dem Vorplatz stammen von einem antiken Tempel der Stadt. San Lorenzo ist der früheste christliche *Zentralbau* überhaupt, wurde Vorbild für die byzantinische Kirchenarchitektur (z. B. San Vitale in Ravenna) und beeinflusste noch Renaissancebaumeister wie Bramante und da Vinci. Trotz einiger Umbauten und Restaurierungen – die Vorhalle und die klassizistische Fassade z. B. entstanden Ende des 19. Jh. – hat die Kirche nichts von ihrem überwältigenden Raumeindruck eingebüßt.

Der heutige Bau erhebt sich über quadratischem Grundriss mit vier romanischen Ecktürmen, zwischen denen sich zweigeschossige Exedren mit Halbkuppeln auswölben. Den **Innenraum** gliedern ein Umgang und Emporen, die einst den Frauen vorbehalten waren. Das ursprüngliche Kreuzgewölbe wurde in der Spätrenaissance durch eine oktogonale *Kuppel* ersetzt, die größte in Mailand. Im Süden gelangt man durch ein Atrium zur ebenfalls achteckigen Taufkapelle *Cappella S. Aquilino*, die mit Mosaiken aus dem 4. Jh. geschmückt ist.

Auch die romanische Backsteinkirche **S. Eustorgio** 30 (Mo–Sa 7.45–12 und 15.30–18 Uhr, So 15.30–17 Uhr) geht auf einen Vorgängerbau des 4. Jh. zurück. Der Legende nach brachte der später heilig gesprochene Eustorgius, Bischof von Mailand (343–355), die *Reliquien der Heiligen Drei Könige* hierher, wo sie in einem römischen Sarkophag aufbewahrt wurden. Die Reliquien kamen nach der Eroberung und Zerstörung Mailands durch Barbarossa 1164 nach Köln, doch 1903 wurde ein Teil der Gebeine zurückgegeben, sie ruhen seitdem an ihrem alten Platz im südlichen Querhaus. Nach Barbarossas Wüten bauten die Dominikaner die dreischiffige Basilika mit nur einem Querschiffarm und dem mit 75 m höchsten *Glockenturm* Mailands wieder auf und bald avancierte sie zu einer bevorzugten Grablege des Mailänder Patriziats. Ein Meisterwerk der Renaissance ist die *Cappella Portinari* hinter dem Chor. Nach dem Willen des Florentiner Bevollmächtigten der Medici-Bank in

*Aus römischer Zeit stammen die 16 korinthischen Säulen vor San Lorenzo Maggiore, die heute den Blick auf die klassizistische Westfassade des Gotteshauses so stilvoll rahmen*

Mailand, Pigello Portinari, sollte sie ihm als Grablege dienen, aber auch als Gedenkstätte für den 1252 ermordeten und ein Jahr später als Petrus Martyr heilig gesprochenen Inquisitor und Prior von S. Eustorgio, Pietro da Verona. Ringsum erzählen *Fresken* (1468) von Leben und Sterben des Heiligen. Das monumentale von Karyatiden gestützte Marmorgrab schuf der toskanische Bildhauer *Giovanni di Balducci* (1339).

Von S. Eustorgio sind es nur wenige Schritte zur sichelförmigen **Darsena** 31, einst drittgrößter Binnenhafen Italiens, heute teilweise überbaut, und den zwei verbliebenen *Navigli*. Unzählige dieser Kanäle durchzogen im ausgehenden Mittelalter ganz Mailand, das damals durch die Flüsse Adda und Ticino mit den Oberitalienischen Seen und über die Navigli mit dem Adriatischen Meer verbunden war. Das malerische Viertel **Navigli** mit seinen verwinkelten Sträßchen und stimmungsvollen Hinterhöfen, lange Zeit Heimat der ›kleinen Leute‹, ist heute begehrtes Wohngebiet der Designer, Künstler und Architekten. Ausgefallene Geschäfte, trendige Lokale und Musikbars säumen jetzt die Kanäle. Am letzten Sonntag jeden Monats findet am Naviglio Grande der stimmungsvolle, aber inzwischen recht exklusive *Antiquitätenmarkt* statt. Ein Publikumsmagnet ist auch die **Festa dei Navigli** im Juni, ein äußerst unterhaltsames Fest mit gastronomischen Ständen, Musik, Tanz und dem Flossenschwimm-Wettbewerb [s. S. 130].

TOP TIPP

*Seine volkstümliche Seite zeigt Mailand entlang der Kanäle im Viertel Navigli*

Für Architekturliebhaber lohnt ein Abstecher zur bombastischen **Stazione Centrale** 33 nordöstlich des Zentrums, einem der größten Kopfbahnhöfe Europas, der als kühne Eisen- und Glaskonstruktion 1912 im Jugendstil begonnen, aber erst 1931 als neoklassizistische ›Kathedrale des Fortschritts‹ vollendet wurde. Sinnbilder des Mailands der Nachkriegszeit sind die imposanten *Wolkenkratzer* ringsum. Zu den interessantesten zählen die 1956–58 erbaute **Torre Velasca** 34 mit ihrem pilzartigen Abschluss an der Via Larga und der 1955–60 von Giò Ponti und Nervi entworfene, 127 m hohe **Grattacielo Pirelli** 35 mit eleganter Silhouette gegenüber der Stazione Centrale.

## Praktische Hinweise

**Information:** APT, Via Marconi 1, Tel. 02 72 52 43 00, Fax 02 72 52 43 50. – IAT, Stazione Centrale, Tel. 02 72 52 43 70/-360, Internet: www.milanoinfotourist.com – Infos zu Veranstaltungen, In-Lokalen und Nachtleben in den Donnerstagsbeilagen von ›La Repubblica‹ und ›Corriere della Sera‹.

### Öffentliche Verkehrsmittel

Die drei Metrolinien, Busse und Trams verkehren tgl. 6–1 Uhr. Fahrscheine erhält man in Metrostationen, an Zeitungskiosken, in Bars. Sie gelten 75 Min. für eine Metrofahrt und für beliebig viele Fahrten mit Bus und Tram.

### Flughäfen

**Mailand-Linate**, 10 km östlich der Stadt, bzw. **Mailand-Malpensa 2000**, 46 km nordwestlich. *Flugauskunft* für beide: Tel. 02 74 85 22 00. Von Malpensa verkehrt alle 30 Min. ein Zug zum Bahnhof Cadorna. Außerdem gibt es die Busse Malpensa Express und Malpensa Shuttle (6.20–1.30 Uhr alle 10 Min.) zur Stazione Centrale (Hauptbahnhof). Von Linate fährt der Linienbus Nr. 73 nach San Babila.

### Nachtleben

**Arabesque**, Via Brembo 23/Via Calabiana, Tel. 02 55 23 06 76. Marokkanisches Flair mit Tanzfläche, Dinner-Ecke und Sommergarten.

**Café Atlantique**, Viale Umbria 42, Tel. 02 55 19 39 06. Trendiges Dinner-Lokal der Modeszene mit Hightech-Ausstattung und Minimal-Chic-Atmo-

*Im imposanten Mailänder Hauptbahnhof, der Stazione Centrale, gibt es für Bahnreisende stets viel zu entdecken – selbst wenn ihr Zug einmal Verspätung haben sollte*

sphäre. Attraktion ist der riesige Leuchter aus Fiberglas (Mo geschl.).

**Hollywood**, Corso Como 15, Tel. 0 26 59 89 96. Lieblingsdisco von Models und Fernsehgrößen (Mo geschl.).

**Mia Divina**, Via Molino delle Armi 18, Tel. 02 58 43 18 23. Originelle Disco als klassische Kunstgalerie verkleidet mit Monumentalfassungen von Gemälden wie ›Große Odaliske‹ von Ingres oder ›Venus‹ von Giorgione (22 – 4 Uhr).

**Scimmie**, Via Ascanio Sforza, 49, Tel. 02 89 40 28 74. Livemusik in Navigli-Lokal mit viel Jazz sowie Rock, Soul und Blues. Auch Restaurant.

### Hotels

*******Diana Majestic**, Viale Piave 42, Tel. 0 22 05 81, Fax 02 20 58 20 58, Internet: www.sheraton.com/dianamajestic. Jugendstiljuwel mit elegant eingerichteten Zimmern und hübschem Garten, wo man inmitten von Magnolien und Glyzinien frühstücken kann.

*******Four Seasons Hotel**, Via Gesù 8, Tel. 0 27 70 88, Fax 02 77 08 50 00, Internet: www.fourseasons.com. Luxusherberge in einem früheren Kloster mit freskengeschmückten Innenhof mitten im ›Goldenen Karree der Mode‹.

*****Antica Locanda Leonardo**, Corso Magenta 78, Tel. 02 46 33 17, Fax 02 48 01 90 12, Internet: www.leoloc.com. Stilvolle Zimmer mit Blick auf einen ruhigen Garten direkt neben Leonardos ›Abendmahl‹.

*****Ariston**, Largo Carrobbio 2, Tel. 02 72 00 05 56, Fax 02 72 00 09 14, Internet: www.aristonhotel.com. Nach ökologischen Prinzipien geführtes Hotel, z. B. Frühstück mit Bioprodukten. Die Zimmer sind mit hellen, umweltverträglich behandelten Möbeln ausgestattet. Fahrräder stehen zur Verfügung.

TOP TIPP **Antica Locanda Solferino**, Via Castelfidario 2, Tel. 0 26 57 01 29, Fax 02 6 57 13 61, Internet: www.anticalocandasolferino.it. Charmante Herberge mit elf Zimmern im schicken Brera-Viertel. Gutes Restaurant. Frühe Reservierung empfehlenswert.

****London**, Via Rovello 3, Tel. 02 72 02 01 66, Fax 02 8 05 70 37. Kleines, familiäres Hotel in ruhiger Seitenstraße neben dem Piccolo Teatro.

**Ostello della Gioventù**, AIG Piero Rotta, Viale Salmoiraghi 1, Tel. 02 39 26 70 95, Fax 02 33 00 01 91. Jugendherberge mit 380 Betten. 300 m von einer U-Bahn Station.

**Restaurants**

**De Santis**, Corso Magenta 9, Tel. 02 87 59 68. Mailändische Antwort auf Fast Food: *Panini* in 160 Variationen – seit 32 Jahren, für viele die besten der Stadt.

**10 Corso Como Caffè**, Corso Como 10, Tel. 02 29 01 35 81. Modisches Happy-hour-Lokal mit ausgewählten Häppchen in einem Palazzo, in dem nebenbei auch trendige Mode, Wohndesign und Musik verkauft werden (Mo Mittag geschl.).

**Grand Hôtel Pub**, Via Asciano Sforza 75, Tel. 02 89 51 15 86. Hier lebt ein Stück der alten Navigli-Atmosphäre fort, mit bodenständigen Gerichten und Boccia-Bahnen im Hof (Di–Sa Mittag, Mo und Aug. geschl.).

**Il Luogo di Aimo e Nadia**, Via Montecuccoli 6, Tel. 02 41 68 86. Eine *der* Gourmetadressen Italiens: Mit *Stracchino* (Frischkäse) gefüllte Tortelli, dazu Ricotta aus Sizilien, Kartoffeln und Paprika in Kürbiscreme und Parmigiano mit Aceto balsamico abgeschmeckt oder Risotto mit Kürbisblüten und einem Hauch weißer Trüffeln gefällig? (Sa Mittag, So und Aug. geschl.).

**Osteria del Treno**, Via San Gregorio 46–48, Tel. 0 26 70 04 79. Eisenbahner-Klubhaus mit lombardischen Spezialitäten und ausgezeichneter Käseauswahl (Sa/So Mittag und Mitte Aug. geschl.).

**Premiata Pizzeria**, Ripa di Porta Ticinese 7, Tel. 0 28 39 51 33. Gute Pizza, hauchdünn – wie es die Mailänder lieben, direkt an den Navigli (Mi geschl.).

TOP TIPP **Trattoria Milanese**, Via Santa Marta 11, Tel. 02 86 45 19 91. Beste Cucina alla milanese. Probieren sollte man *Risotto alla milanese* und *Ossobuco* (Di geschl.).

## 2 Monza

*Eiserne Krone und dröhnende Boliden.*

Zwei gegensätzliche Dinge verbindet man mit dem **Industriestädtchen** Monza, 15 km nordöstlich von Mailand: die Eiserne Krone der Langobarden und den Formel-1-Grand Prix.

Ende des 6. Jh. wählte die katholische *Langobardenkönigin Theodolinde* die einstige römische Veteranensiedlung Monza zu ihrer Sommerresidenz und ließ hier den Dom erbauen. Unter Otto III. (980–1002) war der Ort sogar zeitweise *Hauptstadt* der Lombardei, fiel jedoch nach einem kurzen Zwischenspiel kommunaler Unabhängigkeit 1324 unter die Herrschaft der *Visconti*.

Zeugnis einer mittelalterlichen Blütezeit ist der **Duomo S. Giovanni Battista** (Di–Sa 9–11.30 und 15–17.30, So/Fei 10.30–12 und 15–17.30 Uhr). Im 13./14. Jh. wurde die langobardische Vorgängerkirche (6. Jh.) durch einen gotischen Bau ersetzt und im 16. Jh. um den heutigen *Campanile* erweitert. Die grün weiß gebänderte *Fassade* (1370–96) mit der prächtigen Fensterrose stammt wie die Vorhalle mit den säulentragenden Löwen von Matteo Campione. Im **Innenraum** bestechen die *Fresken* (1444) in der Theodolinde-Kapelle rechts vom Presbyterium, die im sog. Weichen Stil der Spätgotik das Leben der königlichen Kirchenstifterin schildern. In einem Tabernakel über dem Altar der Kapelle wird auch die *Eiserne Krone* (Corona ferrea) aufbewahrt, die im Rahmen von Führungen zu sehen ist. Mit dieser Krone ließen sich die langobardischen Könige und die Herrscher des Heiligen Römischen Reiches Deutscher Nation krönen, später sogar Napoleon. Schließlich soll das schmale Eisenband (5.–9. Jh.), um das später eine mit Edelsteinen besetzte Goldplatte gelegt wurde, aus einem Nagel des Kreuzes Christi geschmiedet worden sein.

*Filigran ist die Marmorfassade des Duomo San Giovanni Battista (14. Jh.) in Monza*

Sehenswert ist auch das angrenzende **Museo Serpero** mit wertvollen Goldschmiedearbeiten aus langobardischer Zeit, darunter die ›Henne mit sieben Küken‹ (6./7. Jh.). Kommunales Zentrum des mittelalterlichen Monza war der **Arengario** (13. Jh.) nördlich des Doms, wie viele Rathäuser Norditaliens mit offener Säulenhalle und Ratssaal darüber.

Beliebtes Ziel sonntäglicher Spaziergänge ist der weitläufige **Parco di Monza** im Süden der Stadt. Mit 7,3 $km^2$ ist er eine der größten öffentlichen Grünanlagen Europas. Der Park wurde von Napoleons Stiefsohn und Vizekönig Eugen Beauharnais um die **Villa Reale** (bis 2005 in restauro) angelegt. Das dreiflügelige Gebäude (1777–80) schuf Giuseppe Piermarini als Sommerresidenz für die österreichischen Erzherzöge. Zuletzt wurde sie vom italienischen König Umberto I. bewohnt, der 1900 in Monza von einem Anarchisten ermordet wurde.

Neben einer Reitschule, einem Tennis- und zwei Golfplätzen mit 9 und 18 Löchern sowie einem Fahrradverleih beherbergt der Park das **Autodromo Nazionale Monza** (tgl. 8–18 Uhr), die berühmte 5,793 km lange Formel-1-Rennstrecke. Seit 1922 dröhnen die Boliden hier jedes Jahr am zweiten Sonntag im September um die Wette, wenn der ›Große Preis von Italien‹ ausgetragen wird. (Sa/So dürfen Privatpersonen nach Voranmeldung auf die Piste, Tel. 03 92 48 21, Internet: www.monzanet.it).

### Praktische Hinweise

**Information:** APT, Piazza Carducci, Tel./Fax 0 39 32 32 22, Internet: www.promonza.monza.net

**Hotels**

****__De La Ville__, Viale Regina Margherita 15, Tel. 0 39 38 25 81, Fax 0 39 36 76 47, Internet: www.hoteldelaville.com. Zimmer mit Marmorbädern in herrschaftlichem Palazzo gegenüber der Villa Reale.

****__Royal Falcone__, Corso Milano 5, Tel. 03 92 30 01 87, Fax 03 92 30 01 29, Internet: www.royalfalcone.com. Komfortable Zimmer in Bahnhofsnähe.

**Restaurant**

**Saint Georges Premier**, Via Vedano 7, Tel. 0 39 32 06 00. Fürstlich speisen kann man im ehem. Jagdschlösschen des Königs direkt im Park (Di geschl.).

*Industriedenkmal mit Anspruch – Fabrik und Arbeitersiedlung von Crespi d'Adda*

## 3 Crespi d'Adda

*Backsteinfarbene Idealstadt eines Textilfabrikanten.*

Ein Juwel der Industriegeschichte ist die gut erhaltene **Arbeitersiedlung** von Crespi d'Adda (A4 Monza–Bergamo, Ausfahrt Capriate San Gervasio, Internet: www.villaggiocrespi.it), die 1995 zum UNESCO-Weltkulturerbe erklärt wurde. Das Städtchen am Mittellauf des Flusses Adda gilt als Wiege der lombardischen Industrialisierung, denn hier versorgten bereits im 19. Jh. Wasserkraftwerke die benachbarten Textilbetriebe mit Strom, etwa die 1875 gegründete **Baumwollspinnerei** der Unternehmerfamilie Crespi. Die von England ausgehenden Bemühungen um Verbesserungen der Wohn- und Arbeitsverhältnisse für Arbeiter griff *Cristoforo B. Crespi* auf und baute hier nach dem Vorbild britischer Arbeitersiedlungen aus Backstein seine ›Company town‹. Eine weite Allee trennt die burgähnliche *Fabrikanten-Residenz* und das Fabrikgelände von dem schachbrettartig angelegten Ort (damals 3200, heute 600 Einw.). Dieser besteht aus geräumigen Zweifamilienhäuschen mit Nutzgärten sowie Mehrfamilienhäusern, Begegnungszentren, Theater, Sportplatz und Krankenstation. Die letzten der meist neogotischen Bauten entstanden 1925. In der Fabrik werden noch heute Textilien produziert, allerdings nicht Damast oder Satin wie früher, sondern Jeansstoffe.

# Die lombardische Tiefebene – berühmte Kunststädte und bildschöne Seen

In der fruchtbaren lombardischen Tiefebene reihen sich am Fuße der gewaltigen Alpenkette und längs des Po stolze Zeugnisse der italienischen Stadtkultur. Aus den meist römischen Gründungen entwickelten sich ab Ende des 11. Jh. reiche selbstbewusste Handelsstädte, die noch heute das Wirtschaftsleben Italiens bestimmen, und zugleich dank ihrer Architekturdenkmäler und Kunstschätze den Reisenden immer wieder faszinieren. In **Bergamo** führen gewundene Straßen durch einen wunderbar erhaltenen mittelalterlichen Stadtkern, **Brescia** rühmt sich der bedeutendsten römischen Ausgrabungsstätte der Lombardei, ›Klein-Venedig‹ nennt man das am Mincio gelegene **Mantua**, den glanzvollen Fürstenhof der Gonzaga, und in **Cremona**, der Wiege der Geigenbaukunst, kann man dem Geheimnis der weltberühmten Stradivari nachspüren. Der **Lago d'Iseo** und der **Gardasee** schließlich locken mit anmutiger Landschaft und einer überwältigenden mediterranen Vegetation.

## TOP TIPP 4 Bergamo

*Plan Seite 38 und Seite 41*

*Mittelalterliches Flair und prachtvolle Renaissancekapelle in der Oberstadt, sehenswerte Gemäldegalerie in der Unterstadt.*

Das 118 000 Einwohner zählende Bergamo gibt es gleich doppelt. Auf einem 350 m hohen Hügel mit weitem Blick über die fruchtbare Poebene thront die schöne *Città Alta*, eines der am besten erhaltenen mittelalterlichen Architekturensembles in ganz Italien. Zu ihren Füßen erstreckt sich die moderne, geschäftstüchtige *Città Bassa*.

***Geschichte*** Seinen Namen verdankt Bergamo den Kelten, die ihre Ortsgründung auf dem Hügel *Berghem* nannten. Unter den Römern entwickelte sich das 196 v. Chr. eroberte *Bergonum* zu einem blühenden Municipium mit 10 000 Einwohnern. In der Folgezeit war der Ort langobardischer Herzogsitz, fränkische Grafschaft und schließlich Bischofsstadt unter kaiserlichem Schutz. Ab 1167 nahm die freie Stadtrepublik als Mitglied der Lombardischen Liga am Kampf gegen *Kaiser Friedrich I. Barbarossa* teil. Ungeachtet der auch in Bergamo ausgetragenen Parteienkämpfe zwischen papsttreuen Guelfen und kaisertreuen Ghibellinen entstanden damals bedeutende Bauten, die fortan das Stadtbild der Città Alta prägten. Im Kampf zwischen Mailand und Venedig um die Vormachtstellung in Oberitalien fiel Bergamo 1437 an die Dogenrepublik *Venedig* und erlebte während der 350 Jahre andauernden Herrschaft der Serenissima eine Blütezeit als Handelsplatz. Ende des 18. Jh. wurde es schließlich Teil der Cisalpinischen Republik Napoleons, 1861 Teil des vereinten Italien.

Besonders stolz ist Bergamo übrigens auf seine drei berühmten Söhne, den Opernkomponisten *Gaetano Donizetti* (1797–1848), *Papst Johannes XXIII.* (reg. 1958–63) und die Charakterfigur *Arlecchino*, den listigen Diener der *Commedia dell'Arte*.

◁ **Oben:** *Krönung eines lombardischen Hügels ist die Città Alta von Bergamo ...*

**Unten:** *... deren Basilika S. Maria Maggiore u. a. feinste Wandteppiche schmücken*

***Besichtigung*** Die schöne **Città Alta**, hat sich zu einem beliebten Reiseziel entwickelt, vor allem am Wochenende, denn dann ist sie für den Verkehr gesperrt.

Wochentags kann man mit dem Auto an die Città Alta heranfahren (Parkplätze: Piazza Mercato del Fieno oder Porta S. Alessandro). Ansonsten erreicht man sie mit der Standseilbahn, *Funicolare,* ab Viale Vittorio Emanuele bis Piazza Mercato delle Scarpe oder mit dem Bus 1/A ab Viale Giulio Cesare bzw. ab Hauptbahnhof.

Schon allein durch den vollständig erhaltenen venezianischen **Mauerring** aus dem 16. Jh. mit seinen Bastionen und Toren beeindruckt die Città Alta. Von der Piazza Mercato delle Scarpe sollte man zunächst zur südlich gelegenen **Rocca** ① (14. Jh.) gehen, einer Burg der Visconti, die im 16. Jh. von den Venezianern ausgebaut wurde, und den schönen Blick auf Ober- und Unterstadt genießen.

Wieder zurück an der Piazza spaziert man nun über die gewundene Flaniermeile Via Gómbito zur **Piazza Vecchia** ②. Von Straßencafés und Restaurants gesäumt, bildet sie das Herz der Stadt. Den Platz beherrscht der strenge, durch zierliche Maßwerkfenster aufgelockerte **Palazzo della Ragione** ③. Das Rathaus wurde bereits 1199 errichtet, sein heutiges Aussehen verdankt es den Venezianern, wie der Markuslöwe über der Loggia bezeugt. Auch der *Brunnen* (1780) in der Mitte des Platzes mit seinen stolzen Löwen ist ein Geschenk des venezianischen Dogen. Ein überdachter Treppenlauf führt zum Eingang der fast 53 m hohen **Torre Civica** ④ (März–April Mi–So 10.30–12.30 und 14–18 Uhr, Mai–Sept. Mo–Do, So 10–20, Fr/Sa bis 22 Uhr, sonst kürzer), auch *Campanone* genannt, dem einstigen Geschlechterturm der ghibellinischen Suardi. Von der Turmspitze hat man einen fantastischen Blick auf Stadt und Umgebung. Im angrenzenden **Palazzo del Podestà** ⑤, dem mittelalterlichen Sitz des Stadtherrn, büffeln heute Studenten der Universität von Bergamo Fremdsprachen.

Jenseits der Via Gómbito steht der **Palazzo Nuovo** ⑥ (17. Jh.) von Vincenzo Scamozzi, seit 150 Jahren Sitz der Stadtbibliothek. Eine stille Schönheit ist die angrenzende *Piazza del Duomo* mit dem **Duomo San Vincenzo** ⑦ (tgl. 7.30–11.45 und 15–17.30 Uhr). Die romanische Basilika (1207) hatte einen Vorgänger aus langobardischer Zeit, wurde ab dem 15. Jh. mehrfach umgebaut und erst Ende des 19. Jh. mit der klassizistischen Fassade vollendet. Bemerkenswert sind im kreuzförmigen *Innenraum* das Chorgestühl (1695) sowie ›Das Martyrium des Bischofs San Giovanni‹ des Barockmalers *Giovanni Battista Tiepolo* in der Apsis.

Die etwas eingezwängt am Domplatz stehende Kirche **S. Maria Maggiore** ⑧ (im Sommer tgl. 9–12.30 und 14.30–18, sonst Mo–Fr 9–12.30 und 14.30–17, Sa 9–12.30 und 14.30–18, So/Fei 9–13 und 15–18 Uhr) stammt aus dem 12. Jh. und wurde bereits 1350 von *Giovanni da Campione* an der Nord- und Südseite durch gotische Vorhallen mit säulentragenden Löwen erweitert. Von demselben

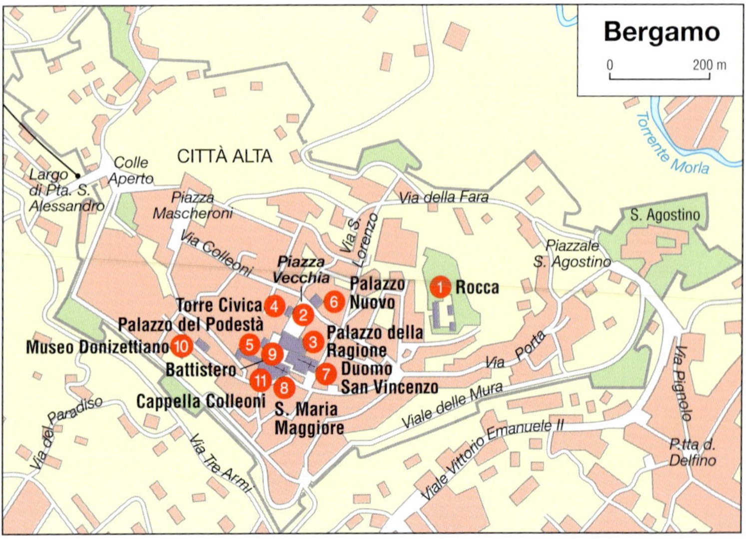

*Die wuchtige Torre Civica, einst wehrhafter Geschlechterturm der Familie Suardi, überragt noch heute die zentrale, von historischen Palazzi umgebene Piazza Vecchia*

Architekten stammt auch das achteckige **Battistero** 9 (1340), das bis zum 17. Jh. Teil der Kirche war, dann abgerissen und Ende des 19. Jh. unter Verwendung der Originalteile rechts des Gotteshauses frei stehend rekonstruiert wurde.

Das **Innere** der monumentalen dreischiffigen Emporenbasilika wurde mit Marmor, Stuck und überschwänglichen Fresken weitgehend barockisiert. Von der ursprünglichen Dekoration blieb lediglich im rechten Querschiffarm ein *Fresko* im Stile Giottos mit dem ›Lebensbaum‹ (1347) erhalten. Zu den Höhepunkten der Ausstattung gehören die neun prächtigen *Wandteppiche* (1583–86) mit Szenen aus

*Blickfang der Piazza del Duomo ist nicht etwa der Dom, sondern die prachtvolle Renaissancefassade der Cappella Colleoni aus schwarzem, weißem und rotem Marmor*

*Reich verzierte Marmorsarkophage des Bartolomeo Colleoni (unten) und seiner Frau (Mitte), darüber die goldene Reiterstatue (1501) des Condottiere in der Cappella Colleoni*

dem Leben Mariens, die in Florenz nach Entwürfen von *Alessandro Allori* geschaffen wurden, sowie eine *Tapisserie* (1696–98) flämischer Herkunft mit einer beeindruckenden Kreuzigungsszene. Das *Chorgestühl* schmücken wunderschöne Intarsien mit Szenen aus dem Alten Testament. Die Kirche ist auch Pilgerstätte für Opernfans. *Gaetano Donizetti* (1797–1848), Komponist von 71 Opern und Meister des *Belcanto*, fand hier seine letzte Ruhestätte.

Das nahe **Museo Donizettiano** 10 (Via Arena 9, Di–Fr 9–12 und 14.30–18, Sa/So 10–12 und 14–16 Uhr) zeigt Donizettis Originalpartituren sowie eine Sammlung von Tasten- und Streichinstrumenten aus seiner Zeit.

Das Schmuckstück der Piazza del Duomo ist die seitlich an S. Maria Maggiore angebaute **Cappella Colleoni** 11 (tgl. 9–12.30 und 14–18.30, im Winter Di–So 9–12.30 und 14–18 Uhr). Der aus Bergamo stammende venezianische Condottiere, Generalkapitän der Landstreitkräfte, *Bartolomeo Colleoni* (1400–1475), ließ sich ab 1472 die prunkvolle Kapelle als Mausoleum errichten. Der junge Baumeister *Giovanni Antonio Amadeo* stellte mit seinem hohen kuppelbekrönten Bau, dem die Sakristei der Kirche weichen musste, auch deren Vorhalle in den Schatten und machte so der Basilika selbst Konkurrenz. Die im üppigen Stil der lombardischen Renaissance gestaltete *Kapellenfassade* prunkt mit verschiedenfarbigem Marmor und detailreicher Dekoration. Die Sockelreliefs mit den ›Taten des Herakles‹ spielen auf die Heldenstücke des Condottiere an. Von Amadeo stammen auch die beiden Grabstätten im *Innenraum*, das von einer vergoldeten Reiterstatue bekrönte Grabmal des Bartolomeo Colleoni und seiner Gattin Tisbe Martinengo sowie das seiner 1470 im Alter von zwölf Jahren verstorbenen Lieblingstocher Medea. Die Lünetten und Zwickel der Kapelle schmücken Fresken (1733) von *Tiepolo* aus dem Leben des Johannes d. T.

Nicht versäumen sollte man einen Besuch der **Città Bassa**, allein schon wegen der berühmten **Pinacoteca dell' Accademia Carrara** ⑫ (Piazza Carrara, April–Sept. Di–So 9.30–13 und 14.30–17.45, April–Sept. 15–18.45 Uhr), die man von der Altstadt aus über die Via Noca erreicht. Mit über 1700 Gemälden ist sie eine der umfangreichsten Sammlungen des Landes, mit Werken italienischer und europäischer Maler des 15.–18. Jh., darunter Giovanni und Gentile Bellini, Andrea Mantegna und Antonello da Messina, Tizian und Tintoretto, Dürer und Breughel. Zu den Höhepunkten der Sammlung gehören die berühmten Porträts des Giuliano de' Medici von *Botticelli* und des Lionello d'Este von *Pisanello*.

Außerdem stößt man in der Unterstadt längs der kurvigen **Via Pignolo** ⑬ auf schöne Renaissance-Palazzi. Werken des Renaissance-Malers *Lorenzo Lotto* begegnet man in den sehenswerten Kirchen **San Bernardino in Pignolo** ⑭ an dieser Straße (›Thronende Madonna mit Heiligen‹, 1521) und an der Via Torquato Tasso in der Kirche **San Bartolomeo** ⑮ (›Thronende Madonna mit Heiligen und Engeln‹, 1516). Zum Flanieren lädt die von Geschäften und Cafés gesäumte Allee **Sentierone** ⑯ vor dem *Teatro Donizetti* ein.

*Großer Komponist – Donizettis Porträt von Giuseppe Rillosi im Museo Donizettiano*

## Praktische Hinweise

**Information:** APT del Bergamasco, Viale Vittorio Emanuele 20, Tel. 0 35 21 31 85, Fax 0 35 23 01 84. – IAT, Vicolo Acquila Nera 2, Città Alta, Tel. 0 35 24 22 26, Fax 0 35 24 29 94, Internet: www.apt.bergamo.it

### Hotels

********San Lorenzo**, Piazza Mascherino 9 a, Tel. 0 35 23 73 83, Fax 0 35 23 79 58. Erst kürzlich renoviertes Haus mit hellen, komfortablen Zimmern und einem Privatparkplatz.

****Agnello d'Oro**, Via Gombito 22, Tel. 0 35 24 98 83, Fax 0 35 23 56 12. Gepflegtes Hotel mit Restaurant in einem Gebäude aus dem 17. Jh.

### Restaurants

**Antica Trattoria della Colombina**, Via Borgo Casale 12, Tel. 0 35 26 14 02. Lokal in Jugendstilambiente mit Ricotta- und Polenta-Spezialitäten (Mo geschl.).

**Bar Donizetti**, Via Gombito 17 a, Tel. 0 35 24 26 61. Enoteca mit verlockenden Häppchen wie *Crostini*

*al Gorgonzola* oder *Toma d'Alba* mit Senf (Fr geschl.).

**Da Vittorio**, Viale Papa Giovanni XXIII 21, Tel. 0 35 21 80 60. In diesem eleganten Lokal werden exzellente Fischgerichte serviert (Mi geschl.).

## 5 Brescia

*Herbe Schönheit hinter Industrie-Fassade.*

Ein italienischer Historiker des 19. Jh. beschrieb Brescia, 30 km westlich des Gardasees in einem Kranz von Hügeln gelegen, als bevölkerungsreich, wohlhabend und geschäftig. Daran hat sich bis heute wenig geändert. Zugleich bietet die zweitgrößte Stadt der Lombardei (191 000 Einw.) dem Besucher im Zentrum ein gut erhaltenes Gebäudeensemble, das einen Spaziergang durch die Architekturgeschichte erlaubt.

***Geschichte*** Bereits ab 1200 v. Chr. von Ligurern besiedelt, wurde der Ort 89 v. Chr. römische Kolonie und ein Zentrum der Metallverarbeitung und Bronzeherstellung. Unter Kaiser Augustus stieg **Brixia** 27 v. Chr. zur *Colonia civica augusta* auf und bald zierten prächtige Straßenzüge, Tempel und Theater die blühende Handelsstadt. Unter den Langobarden Herzogsitz und Bischofsstadt, erlangte Brescia 1120 den Status einer freien **Stadtrepublik**. Als Mitglied der Lombardischen Liga nahm sie erfolgreich an den Kämpfen gegen Barbarossa und Friedrich II. teil. Doch die internen *Parteienkämpfe* zwischen Guelfen und Ghibellinen mündeten ab 1331 in wechselnde Herrschaft auswärtiger Geschlechter wie der Scaliger aus Verona, der Mailänder Visconti oder der Malatesta aus Rimini sowie ab 1428 für rund 350 Jahre im Machtkreis **Venedigs**. Während dieser Zeit erlebte das auf Waffenherstellung und Wollhandel spezialisierte Brescia eine Phase wirtschaftlicher und kultureller Blüte. Unter dem Einfluss venezianischer Maler formierte sich im 15./16. Jh. die **Schule von Brescia**, im Stil der Renaissance wurden neue Bauten errichtet und Plätze gestaltet. Die kurze *napoleonische Herrschaft* (1797–1814) hinterließ eine Vorliebe für neoklassizistische Architektur. Nach der Einigung Italiens 1861 avancierte Brescia zum zweitwichtigsten **Industriestandort** der

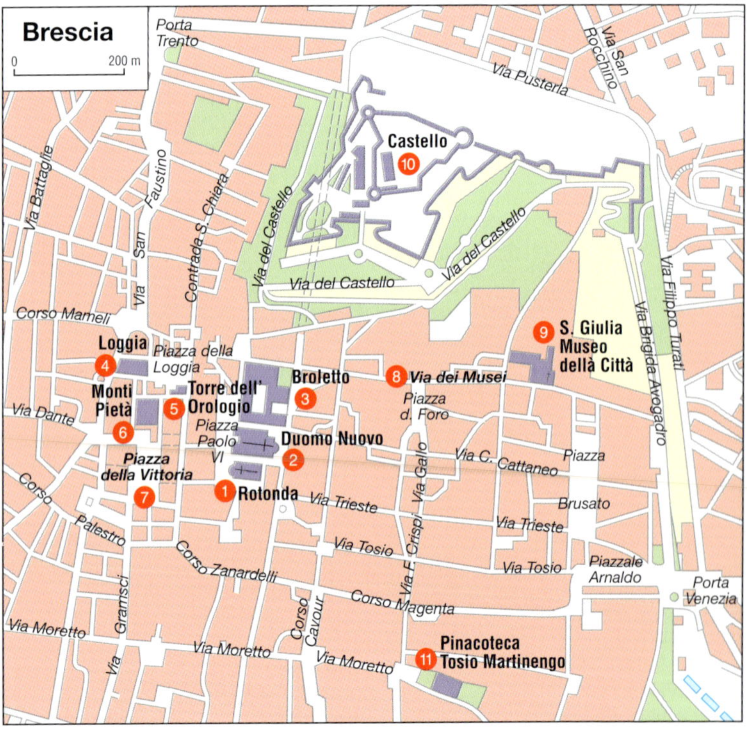

*Hinter dem gedrungenen Rundbau des Duomo Vecchio, des alten Domes von Brescia, erhebt sich der im 17./18. Jh. entstandene kuppelbekrönte ›Neubau‹ des Duomo Nuovo*

Lombardei nach Mailand, u. a. dank der hier traditionellen Produktion von *Handfeuerwaffen* (Beretta, Breda), die fast eine nationale Monopolstellung besitzt. Inzwischen gewinnt der terziäre Sektor an Wichtigkeit wie die großen Bürotürme von **Brescia 2** vor Augen führen. Heute macht die Provinzhauptstadt auch mit ihrer vorbildlich restaurierten Altstadt, mit spektakulären **Ausstellungen** und ausgefallenen *Festivals* wie dem Internationalen Zirkusfest von sich reden.

***Besichtigung*** Bis ins 15. Jh. bildete der Domplatz, die heutige *Piazza Paolo VI.*, das Zentrum der Stadt. Als ältestes Bauwerk steht hier der **Rotonda** 1 (April–Okt. Di–So 9–12 und 15–19, Nov.–März Sa/So 9–12 und 15–18 Uhr) genannte *Duomo Vecchio*, eine der beeindruckendsten romanischen Kirchen der Lombardei. Über einer Vorgängerkirche (6. Jh.) entstand Ende des 11. Jh. dieser überkuppelte Rundbau, der im 15./16. Jh. um einen lang gestreckten Chor mit ebenfalls überkuppelten Querarmen erweitert wurde. Dank umfassender Restaurierung im 19. Jh. präsentiert sich das grandiose *Innere* heute wieder im schlichten Originalzustand. Vom Ursprungsbau zeugen noch Reste des Mosaikbodens in der Mitte des Querhauses und in der Rotunde sowie die teils spätantiken, teils langobardischen Kapitelle in der fünfschiffigen *Krypta*. Interessant ist auch das Gemälde von *Francesco Maffei* mit der ›Überführung der Gebeine von vier Brescianer Heiligen‹ im linken Querhausarm, das den Domplatz im Zustand des 17. Jh. zeigt.

Stolz ragt die monumentale Fassade des benachbarten **Duomo Nuovo** 2 (Mo–Sa 7.30–12 und 16–19.30, So 8–13 und 16–19.30 Uhr) auf. Mit ihrem Stilgemisch und ihrer Massigkeit kann die 1604 begonnene, komplett aus strahlend weißem Botticino-Marmor gestaltete Kirche letztlich wenig überzeugen. Die Bauarbeiten zogen sich quasi endlos hin und erst 1825 wurde die riesige Kuppel aufgesetzt, mit einem Durchmesser von 20 m und einer Höhe von 78 m eine der größten Italiens.

Links vom Duomo Nuovo erhebt sich das kommunale Zentrum, der romanisch-gotische **Broletto** 3 (1223–98) mit der mächtigen *Torre del Pégol* (11. Jh.), von der noch heute zu Beginn jeder Gemeinderatssitzung 180 Glockenschläge ertönen. Die Arkaden des *Innenhofes* stüt-

*Die Schönste am Platze ist im Falle der Piazza della Loggia von Brescia zweifellos die namengebende Loggia, ein prächtiger arkadengeschmückter Renaissancebau*

zen Säulen mit fein gearbeiteten figürlichen Kapitellen aus der Antelami-Schule (13. Jh.).

Wenige Schritte weiter öffnet sich die grandiose *Piazza della Loggia* im venezianischen Stil. Ihr Schmuckstück, die **Loggia** 4 (15./16. Jh.), war einst Sitzungssaal der städtischen Aristokratie und ist noch heute *Palazzo del Comune* (Rathaus). Das Untergeschoss (1492) des Renaissancebaus mit seinen triumphbogenartigen Arkaden stammt von *Tommaso Formentone*, das 50 Jahre jüngere Obergeschoss geht auf Pläne des Venezianers *Jacopo Sansovino* zurück und wird durch monumentale, gebälkbekrönte Fenster, reich ornamentierte Pilaster und einen figurengeschmückten Fries rhythmisiert. Das markante *Kuppeldach* wurde erst 1914 aufgesetzt. In die gegenüberliegende Gebäudezeile ist der Uhrturm, **Torre dell'Orologio** 5 (1540–50), mit Glocke und hammerschwingenden Figuren auf dem Dach eingepasst. Den Platz schließen an der Südseite die lang gestreckten Bauten der **Monti Pietà** 6 ab, des *Alten Pfandhauses* (1484–89) mit Renaissanceloggia und des *Neuen Pfandhauses* (1597–1600).

*Dank der Torre dell'Orologio weiß man in Brescia immer, was es geschlagen hat*

Ein ganz anderer Geist weht auf der rechteckigen **Piazza della Vittoria** 7 mit ihren Monumentalbauten (1926–32) im Stil des Faschismus. Über die *Via X Giornate*, die mit dem *Corso Zanardelli* Brescias Einkaufs- und Flaniermeile bildet, erreicht man das antike Zentrum der Stadt und gleichzeitig die bedeutendste römische *Ausgrabungsstätte* (zzt. nicht zugänglich) der Lombardei. Sie liegt in der **Via dei Musei** 8, die dem Verlauf des antiken Decumanus folgt. An dessen

Kreuzung mit dem Cardo befand sich das *Forum* (Piazza del Foro). Vom gewaltigen Podiumstempel *Tempio Capitolino* (73 n. Chr.) zu Ehren von Jupiter, Juno und Minerva sind Teile der Säulenvorhalle und des dreigeteilten, im 19. Jh. rekonstruierten Kultraumes erhalten. Im benachbarten *Teatro Romano* (1. Jh.) konnten bis zu 15 000 Menschen den Aufführungen von Tragödien und Komödien beiwohnen.

Dahinter erstreckt sich der riesige Klosterkomplex des 1798 aufgelösten *Monastero di San Salvatore e S. Giulia.* Die Anlage, bestehend aus drei Kirchen – San Salvatore (8./9. Jh.), S. Maria in Solario (12. Jh.), S. Giulia (15. Jh.) – und drei Kreuzgängen, wurde bereits 753 von Ansa, der Gattin des letzten Langobardenkönigs Desiderius, gegründet. Neben interessanten Wechselausstellungen beherbergen die Klosterräume und die mit schönen *Renaissance-Freskenzyklen* geschmückten Kirchen heute die Sammlungen des **S. Giulia Museo della Città** 9 (Juni–Sept. Di–So 10–18, Okt.–Mai Di–So 9.30–17.30 Uhr) mit Funden von der Bronzezeit bis ins 18. Jh. Die ›Stars‹ des Museums sind die *Aphrodite*, eine griechische Bronzestatue (um 250 v. Chr.), die später durch Hinzufügung von Flügeln in eine römische Viktoria verwandelt wurde, ferner die *Bronzebüsten* römischer Kaiser, die *Lipsanothek*, ein reliefgeschmückter Reliquienschrein (4. Jh.) aus Elfenbein, sowie das mit Edelmetallen und kostbaren Gemmen geschmückte langobardische *Desideriuskreuz*, ein großes Vortragekreuz aus dem 8. Jh. Neueste Attraktion des Museums ist die *Domus dell'Ortaglia* (1. Jh.), die Ausgrabungen zweier römischer Häuser mit schönen Fußbodenmosaiken und Wandmalereien umfasst.

Einen schönen Blick auf Brescia genießt man vom nördlich gelegenen *Cidneo-Hügel*. Seine Kuppe beherrscht das mächtige **Castello** 10 mit Zugbrücke und Bastionen, an dem erstmals die Römer, später auch Visconti und Venezianer bauten. Das *Museo delle Armi* (Juni–Sept. tgl. 10–17 Uhr, Okt.–Mai Di–So 9.30–13 und 14.30–17 Uhr) im Inneren dokumentiert die Kunst der lokalen Waffenschmiede, die seit dem Mittelalter in Brescia ihrem Handwerk nachgehen.

Als weitere bedeutende Sehenswürdigkeit gilt die **Pinacoteca Tosio Martinengo** 11 (Juni–Sept. tgl. 10–17, Okt.–Mai Di–So 9.30–13 und 14.30–17 Uhr)

*Matrone, frisch vom Friseur – römische Bronzebüste im S. Giulia Museo della Città*

an der Piazza Moretto im Südosten des Zentrums. Schwerpunkte dieser Gemäldesammlung mit Werken des 14.–16. Jh. sind die venezianische Renaissance sowie die *Schule von Brescia*, zu deren wichtigsten Vertretern im 15. Jh. Vincenzo Foppa und im 16. Jh. Moretto da Brescia und Romanino gehörten.

## Praktische Hinweise

**Information:** APT, Corso Zanardelli 34, Tel. 03 04 34 18, Fax 0 30 29 32 84, Internet: www.bresciaholiday.com

### Hotels

*******Vittoria**, Via X Giornate 20, Tel. 0 30 28 00 61, Fax 0 30 28 00 65, Internet: www.hotelvittoria.com. Nobelherberge mit Jugendstilambiente im Herzen der Altstadt.

*****Master**, Via Apollonio 72, Tel. 0 30 39 90 37, Fax 03 03 70 13 31, Internet: www.hotelmaster.net. Modernes Mittelklassehotel mit komfortablen Zimmern in der Nähe des Castello.

### Restaurants

**Al Frate**, Via dei Musei 25, Tel. 03 03 75 14 69. Beliebte Trattoria im Zentrum mit typischen Antipasti und klassischen Gerichten wie *Tortelli* mit Kürbisfüllung oder *Ossobuco* mit einer

Farce aus Salbei, Rosmarin, Sardellen und Zitrone (Mo geschl.).

**Due Stelle**, Via San Faustino 46, Tel. 03 04 23 70. Einfaches Lokal im volkstümlichen Viertel nördlich der Altstadt mit herrlich bodenständiger Küche (Mo und Aug. geschl.).

**La Sosta**, Via San Martino della Battaglia 20, Tel. 0 30 29 56 03. Gourmetrestaurant mit Kamin in den früheren Pferdeställen des Palazzo Tosio Martinengo (So Abend und Mo geschl.).

## 6 Lago d'Iseo

*Prickelnde Weine, malerische Seeufer und uralte Zeugnisse der Menschheit.*

Auf dem Weg von Brescia zum Lago d'Iseo durchfährt man das Weinanbaugebiet der **Franciacorta**, bereits im 16. Jh eine beliebte Sommerfrische des Bresciander Adels. Heute genießt die Region einen guten Ruf als ›Champagne Italiens‹. Als erste unter den italienischen Schaumweinen erhielten die in Flaschengärung gezogenen *Spumanti* der Franciacorta 1995 das DOCG-Prädikat. Viele der hiesigen *Weingüter* bieten Degustationen und Direktverkauf an.

Eine kurvige und aussichtsreiche, aber teils Schwindel erregende Küstenstraße führt rund um den tiefblauen Lago d'Iseo, mit 61 km² Wasserfläche der siebtgrößte der italienischen Seen. Gute Bademöglichkeiten und touristische Infrastruktur findet man vor allem am Südufer, um den hübschen Hauptort **Iseo** und das weiter westlich gelegene Urlaubszentrum **Sarnico**. Zu ausgedehnten Spaziergängen lädt nahe Iseo das Naturschutzgebiet **Riserva Naturale Torbiere Sebine** ein. Stege führen durch das Feuchtgebiet und Torfmoor, in dem zahlreiche Fischarten, Wasservögel und seltene Pflanzen heimisch sind.

Gen Norden und im Westen des Sees bricht das Kalksteinufer oft dramatisch steil ab, wie das fotogene *Bögn* (= Schlucht) mit seinem handtuchgroßen Strand bei der malerischen **Riva di Solto** am Nordwestufer. Am nördlichen Scheitelpunkt des Iseo-Sees liegt das geschäftige Städtchen **Lovere** mit seiner attraktiven Uferpromenade. Vom Ostufer bei **Marone** schließlich führt eine Straße landeinwärts über *Cislano* zu den bizarren Erdpyramiden der **Riserva Naturale Piramidi di Zone**, die durch jahrtausendelange Erosion entstanden sind.

*Wind und Wetter schufen die Erdkegel in der Riserva Naturale Piramidi di Zone*

Besuchermagnet ist die etwas weiter südlich gelegene, autofreie Insel TOP TIPP **Monte Isola** (häufigste Schiffsverbindung ab *Sulzano* am Südostufer). Auf ihr locken malerische Fischerdörfchen, verträumte Trattorien und schöne Wandermöglichkeiten. Ein grandioser Panoramablick bietet sich von der hiesigen Wallfahrtskirche *Santuario di Madonna della Ceriola* auf 600 m Höhe, die man zu Fuß (knapp 1 Std.) oder mit dem Bus erreicht.

### *Ausflug*

Keinesfalls versäumen sollte man einen Tagesausflug ins Tal **Valcamonica** nördlich des Iseo-Sees mit dem spektakulären **Parco Nazionale delle Incisioni Rupestri** bei Capo di Ponte (Loc. Naquane, Tel. 0 36 44 21 40; Nov.–Mitte März Di–So 8.30–17, Mitte März–Okt. Di–So 8.30–19.30 Uhr). In dem 30 ha großen Park finden sich zahllose Felsgravierungen des keltisch-alpinen Stamms der *Camunen*, nach denen das 80 km lange Tal benannt wurde. Die 1908 entdeckten Kunstwerke entstanden zwischen dem 6. Jahrtausend v. Chr. und der Römerzeit (bis etwa 16 v. Chr.) und wurden als erste Kulturstätte Italiens von der UNESCO 1979 in die Welterbe-Liste aufgenommen. 40 000 von ihnen sind bislang katalogisiert. In den wundervoll feinen *Ritzzeichnungen* spiegeln sich Alltagsleben und Kulte der Camunen wider. Sie reichen von einzelnen Darstellungen der Arbeit auf dem Feld, der Hirschjagd, des Kampfes und religiöser Handlungen bis hin zu epischen, vielfigurigen Bilderzählungen von Tänzen, Begräbniszeremonien oder Ahnenkulten. Von den mehr als 100 nummerierten Felsen (Führer unentbehrlich! Sie stehen am Parkeingang bereit) bestechen vor allem die riesige und stets umlagerte *Roccia Grande* (Nr. 1), die *Massi di Cemmo* (Nr. 3/4), der *Fels Nr. 47* mit der einzigartigen Darstellung eines von Tieren gezogenen Wagens (!) sowie der etwas abschüssig gelegene Fels Nr. 60 mit der *Rosa Camuna*, einem Sonnensymbol, das sich die Provinz Lombardei zu ihrem Emblem erkor.

**Praktische Hinweise**

**Information:** IAT, Lungolago Marconi 2, Iseo, Tel. 0 30 98 02 09, Fax 0 30 98 13 61

**Weinkeller**

**Associazione Strada del Vino Franciacorta**, Via G. Verdi 53, Erbusco, Tel. 03 07 76 08 70, Fax 03 07 76 85 39, Internet: www.stradadelfranciacorta.it. Bieten Degustationen sowie Ausflugspakete mit Übernachtung auf Weingütern an.

**Azienda Agricola Boschi**, Via Iseo 44 a, Erbusco, Tel. 03 07 24 16 00, Fax 03 07 70 30 97, Internet: www.agricolaboschi.it

Nur nach telefonischer Voranmeldung:

**Barone Pizzini**, Via Brescia 3a, Corte Franca, Tel. 0 30 98 41 36

**Cavalleri**, Via Provinciale 96, Erbusco, Tel. 03 07 76 02 17

**Fratelli Berlucchi**, Via Broletto 2, Corte Franca, Tel. 0 30 98 44 51

**Il Mosnel**, Via Barboglio 14, Camignone, Tel. 0 30 65 31 17

**Hotel**

*****Ambra**, Porto G. Rosa 2, Iseo, Tel. 0 30 98 01 30, Fax 03 09 82 13 61. Haus in zentraler Lage an der Uferpromenade, Zimmer mit Balkon.

**Restaurants**

**Il Volto**, Via Mirolte 33, Iseo, Tel. 0 30 98 14 62. Osteria mit vorzüglicher lokaler Küche und besten Weinen aus der Franciacorta (Mi, Do Nachmittag und Juli geschl.)

TOP TIPP **L'Albereta**, Via Vittorio Emanuele 11, Erbusco, 15 km südl. von Iseo, Tel. 03 07 76 05 50. Toprestaurant des Starkochs Gualtiero Marchesi in einer eleganten Villa aus dem 19. Jh. mit angeschlossenem Relais & Chateaux-Hotel. Spezialität: *Risotto* mit hachdünnen Goldplättchen. Man gönnt sich ja sonst nichts!

**Trattoria del Pesce**, Peschiera Maraglio, Monte Isola, Tel. 03 09 88 61 37. Die köstliche Spezialität der Insel: *Sarde alla griglia*, verschiedene Fischsorten, die in der Sonne getrocknet, in Öl eingelegt und dann in der Glut gegrillt werden (Di geschl.).

## 7 Gardasee

*Malerische Dörfer am See inmitten üppiger Vegetation vor prächtiger Bergkulisse.*

Eine Stippvisite führt ans lombardische Ufer des **Lago di Garda** (den der ADAC Reiseführer ›Gardasee‹ ausführlich beschreibt). Zu Füßen der Alpen öffnet sich der größte italienische See (370 km²) fjordartig zwischen den eindrucksvollen Bergflanken des Monte Baldo und der Brescianer Alpen, um im Süden ein von sanft gewelltem Hügelland umgebenes Meer zu bilden. In der Antike nannte man ihn *Lacus Benacus*, gesegneter See.

*Engstelle – im Westen des Gardasees rücken die Alpen ganz nah ans Ufers heran*

Kein Wunder angesichts der vom milden Klima begünstigten *überwältigenden Vegetation* an seinen Ufern. Da gedeihen rosafarbener Oleander, gelb blühende Mimosen, silbern schimmernde Olivenhaine, Weingärten und Zitrusbäume. An den Hängen liegen malerische, oft burgbewehrte Dörfer, die trotz des Touristenansturms ihren Charakter bis heute bewahren konnten.

Zwei – im Sommer allerdings stark befahrene – Uferstraßen erschließen seit den 1930er-Jahren den See. Besonders reizvoll ist die **Gardesana Occidentale** am lombardischen Westufer längs der Brescianer Riviera, die ab Gargnano über Schwindel erregend steile Felsen führt. Natürlich kann man alle Küstenorte auch auf dem Wasserweg erreichen. Ein wichtiger Fährhafen ist das lebhafte **Desenzano del Garda** im Süden. Schnäppchenjäger strömen jeden ersten Sonntag des Monats hierher, wenn auf der *Piazza Malvezzi* der traditionelle Antiquitätenmarkt (ganztags) stattfindet.

Beliebtes Ausflugsziel ist die nordöstlich auf einer Halbinsel gelegene Postkartenschönheit **Sirmione**. Bereits der römische Dichter Catull besang den Ort als ›Perle aller Inseln und Halbinseln‹.

*Ritterburg par excellence – die Rocca Scaligera wacht über den Hafen von Sirmione*

Wahrzeichen des pittoresken Städtchens mit seinem autofreien mittelalterlichen Kern ist die im 13. Jh. errichtete, wunderschön gelegene Wasserburg *Rocca Scaligera* (Okt.–März Di–So 9–13, April–Sept. Di–So 9–19 Uhr). Von ihren Wehrmauern genießt man einen herrlichen Blick auf den See und die Landzunge. An deren Südzipfel liegen die von Olivenhainen umgebenen *Grotte di Catullo* (Okt.–Febr. Di–Sa 9–16.30, März–Sept. Di–Sa 8.30–19, So/Fei 9–18 Uhr), Ruinen eines weitläufigen Palastes aus der römischen Kaiserzeit (1./2. Jh.). Die dazugehörigen Bäder wurden aus Thermalquellen gespeist, deren 70 °C heiße Wasser noch heute aus 18 m Tiefe hervorsprudeln.

Berühmtheit erlangt hat das noble **Gardone Riviera** am Westufer, seit Ende des 19. Jh. trendige Sommerfrische. Prachtvolle Villen und Gärten umgeben den alten Ortskern mit seinen eleganten Geschäften und Cafés. Richtung Gardone di Sopra lädt der *Giardino Botanico Hruska* (März–Okt. tgl. 9–18.30 Uhr) zwischen wilden Felskulissen und künstlichen Bächen zu einer Reise durch die alpine, tropische und subtropische Pflanzenwelt ein. Seit 1988 ist dieses Paradies im Besitz des Wiener Künstlers André Heller.

Ein Kuriosum sind der Landsitz und das pompöse Mausoleum des Fin-de-Siècle-Dichters und Salonlöwen *Gabriele d'Annunzio* (1863–1938): das **Vittoriale degli Italiani** (April–Sept. tgl. 8.30–20, Okt.–März Mo–Fr 9–17, Sa/So 9–17.30 Uhr). Das schwülstige Pathos seiner Schriften spiegelt sich in seinem Haus, der *Prioria* (April–Sept. tgl. 9.30–18, sonst 9–13 und 14–16 Uhr) wider, in der Kitsch neben erlesenen Antiquitäten steht. Im Garten erinnert das Kriegsschiff ›Puglia‹ an den überzeugten Militaristen d'Annunzio, der 1919 vergeblich versuchte, im Alleingang Dalmatien für Italien zu gewinnen.

## Praktische Hinweise

**Information:** IAT, Via Porto Vecchio 34, Desenzano del Garda, Tel. 03 09 14 15 10, Fax 03 09 14 42 09. – IAT, Viale Marconi 2, Sirmione, Tel. 0 30 91 61 14, 0 30 91 62 45, Fax 0 30 91 62 22. – IAT, Corso Repubblica 35, Gardone Riviera, Tel./Fax 0 36 52 03 47, Internet: www.bresciaholiday.com

*Wappensteine und geflügelte Löwen zieren das Haus d'Annunzios in Gardone Rivera*

### Einkaufen

**Gallo Outlet**, Viale Motta 125, Desenzano del Garda. Preisgünstiger Direktverkauf von Kaschmir-Pullovern, Strümpfen aus Naturfasern, Dessous und Bademoden.

### Hotels

TOP TIPP *****Villa del Sogno**, Via Zanardelli 107, Loc. Fasano del Garda, Gardone Riviera, Tel. 03 65 29 01 81, Fax 03 65 29 02 30, Internet: www.villadelsogno.it. Romantisches Fin-de-Siècle-Gebäude über dem See mit stilvoll eingerichteten Zimmern, großer Terrasse, Schwimmbad und Tennisplatz.

***Enrichetta**, Loc. Rivoltella, 3 km von Desenzano del Garda, Via F. Agello 12, Tel. 03 09 11 92 31, Fax 03 09 90 11 32. Nette Zimmer und schöner Hausstrand.

### Restaurants

**La Stalla**, Via dei Colli 14, Gardone Riviera, Tel. 0 36 52 10 38. Rustikales Lokal, in dem frischer Fisch die Hauptrolle spielt (Di geschl.).

**Osteria al Torcol**, Via San Salvatore 30, nahe S. Maria Maggiore, Sirmione, Tel. 03 09 90 46 05. Ausgesuchte regionale Produkte und frischer Seefisch in historischem Gewölbe. Bei schönem Wetter isst man im Garten (Mi geschl.).

## TOP TIPP 8 Mantua *Plan Seite 52*

*Die einstige Residenzstadt der Gonzaga.*

Wie eine mittelalterliche Märchenstadt schmiegt sich **Mantova,** wie Mantua auf italienisch genannt wird, an die Ufer des Mincio, der hier die drei Seen Lago Superiore, Lago di Mezzo und Lago Inferiore bildet. Das wunderbar erhaltene Altstadtzentrum zeugt von der Glanzzeit des Ortes im 15.–16. Jh., als er zu einem der kulturell führenden Fürstenhöfe Italiens gehörte.

***Geschichte*** Im 6./5. Jh. v. Chr. gründeten die Etrusker die Siedlung auf einer Insel im Mincio, die erst im 12./13. Jh. durch Dämme mit dem Festland verbunden wurde. Seine Insellage behielt Mantua noch bis ins frühe 19. Jh., als der südliche Lago di Paiolo endgültig trockengelegt und bebaut wurde.

Im 10./11. Jh. herrschten die Markgrafen von Canossa über Mantua, im 12. Jh. war sie freie **Stadtrepublik** und Mitglied der Lombardischen Liga, wurde jedoch 1273 von der Familie Bonacolsi unterworfen. Ihre große Blütezeit fiel mit der Herrschaft der Familie **Gonzaga** (1328–1707) zusammen, deren Mitglieder durch Heirats- und Bündnispolitik ihre politische Stellung zwischen den Mächten Mailand und Venedig geschickt zu wahren wussten. Ihr Prestige steigerten sie durch großzügige **Kunst-** und **Kulturpatronage**, die Mantua im 15./16. Jh. zu einem der bedeutendsten Höfe Oberitaliens machte.

Doch mit dem Aussterben der italienischen Linie der Gonzaga Mitte des 17. Jh. endete die Glanzzeit. Um eine politisch unerwünschte Übernahme durch die französische Seitenlinie der *Nevers-Gonzaga* zu hintertreiben, schickte der Habsburger *Kaiser Ferdinand II.* 1630 ein Söldnerheer, das die Stadt plünderte. Zwar konnten die Nevers-Gonzaga Mantua noch für kurze Zeit halten, aber 1708 mussten sie es doch an die **Österreicher** abgeben.

Nach der Einigung Italiens 1861 avancierte die nunmehrige **Provinzhauptstadt** samt Umland zu einem bedeutenden Zentrum der Schweine- und Rinderzucht, aber auch viele mittelständische Industriebetriebe siedelten sich hier an. Heute gehört Mantua (48 000 Einw.) dank seiner Sehenswürdigkeiten zu den vorrangigen Kunstreisezielen Oberitaliens.

***Besichtigung*** Idealer Ausgangspunkt für einen Stadtspaziergang ist die gepflasterte *Piazza Sordello*, das weltliche und religiöse Zentrum des mittelalterlichen Mantua. Ihre Nordseite nimmt der im 12. Jh. errichtete **Duomo San Pietro** 1 ein. Nach zahlreichen Umbauten blieb vom Ursprungsgebäude nur noch der romanische *Campanile* erhalten. Die rechte Seitenfront mit ihren Dreiecksgiebeln und Türmchen ist spätgotisch (Ende 14. Jh.), die monumentale *Barockfassade* wurde Mitte des 18. Jh. vorgeblendet. Das *Innere* verwandelte Giulio Romano im 16. Jh. nach dem Vorbild frühchristlicher Kirchen in eine weiträumige fünfschiffige Säulenbasilika, ihre Ausgestaltung erfuhr sie im 17./18. Jh.

Die nordwestliche Langseite des Platzes säumen der barocke **Palazzo Bianchi** 2, heute Bischofpalais, und die zinnenbekrönten Backsteinpalazzi (13./14. Jh.) der Familie Bonacolsi.

Platzbeherrschend erhebt sich gegenüber die Fassade des herzoglichen **Palazzo Ducale** 3 (Di–So 8.45–19.15 Uhr) mit tiefen Arkaden, gotischen Zweipassfenstern und Schwalbenschwanzzinnen. Diese schlicht-strenge Front lässt nicht vermuten, dass sich dahinter eine der *größten Palastanlagen Italiens* (34 000 m²) verbirgt, mit über 500 Sälen und Gemächern, zahlreichen Gärten und Innenhöfen. Der gewaltige Komplex, dessen acht Gebäudeeinheiten durch ein Labyrinth von Gängen und Galerien miteinander verbunden sind, entstand zwischen dem 13. und 18. Jh.: Die *Domus Magna* und der zinnenbekrönte *Palazzo del Capitano* an der Piazza Sordello wurden bereits unter den Bonacolsi (13./14.Jh.) erbaut, das beeindruckende, von einem Wassergraben umgebene *Castello di San Giorgio* am Seeufer entstand 1395, Ende des 15. Jh. wurde die *Domus Nuova* errichtet und im 16. Jh. folgten *Corte Nuova*, *Rustica*, *Cavallerizza* sowie die Palastkirche *S. Barbara*. Fresken zu mythologischen Themen, fantasievolle Stuckornamente, Marmorbüsten, flämische Wandteppiche, Spiegel- und Gemäldegalerien geben eine Vorstellung von Pracht und Prunk des mantuanischen Hofes.

*Beinahe abweisend wirkt die Front des innen so ungeheuer reichen Palazzo Ducale*

In der **Sala Pisanello** stieß man 1969 auf Fragmente eines später übermalten *Freskenzyklus* (um 1440) des an der Schwelle von der Spätgotik zur Frührenaissance stehenden Hofmalers Pisanello. Sie illustrieren das an damaligen Fürstenhöfen so beliebte Sujet ›Artus und die Ritter der Tafelrunde‹. Interessant sind

*Mittelpunkt von Mantua ist die Piazza Sordello, deren nördliche Schmalseite die pilastergeschmückte Fassade des Duomo di San Pietro aus dem 18. Jh. begrenzt*

*Auf der arkadenumgebenen Piazza delle Erbe geht es lebhaft zu*

auch die hervorragend erhaltenen Rötel-Vorzeichnungen zu den Fresken in der **Sala delle Sinopie**, die die Arbeitsweise Pisanellos verdeutlichen.

Berühmt sind aber vor allem die großartigen *Fresken* (1464–74) des Renaissancemalers Andrea Mantegna in der **Camera degli Sposi** (Mitte März–Okt., Voranmeldung obligatorisch, Tel. 03 76 38 21 50), dem als Schlafgemach und Empfangsraum dienenden ›Saal der Eheleute‹. Mantegnas detailfreudige und perspektivisch meisterhafte Kompositionen präsentieren Familie und Alltagsleben der *Gonzaga*. In der *Audienzszene* an der Nordwand erscheint Ludovico II. mit seiner Frau Barbara von Brandenburg, ihren Kindern und dem Hofstaat. In der *Begegnungsszene* trifft Ludovico II. auf seinen Sohn Francesco, der in Rom gerade zum Kardinal ernannt worden war. Links davon versteckt sich im Blattdekor des gemalten Pilasters ein *Selbstporträt* Mantegnas.

Großartig ist auch die *Deckenmalerei*. Im Zentrum des mit Trompe-l'œil-Malereien überzogenen Gewölbes öffnet sich ein kreisrundes Oberlicht mit Balustrade auf ein Stück lapislazuliblauen wolkengeschmückten Himmel. Über die Brüstung, an der Putti herumturnen, schauen

Edelleute und Hofdamen neugierig auf den Betrachter hinab. Diese geniale Komposition Mantegnas übte bald großen Einfluss auf die illusionistische Malerei des Barock aus.

Durch einen Portalbogen und über die arkadengesäumte Via Broletto gelangt man zur *Piazza Broletto* mit dem **Palazzo del Broletto** 4 (13. Jh.), auch *Palazzo del Podestà* genannt, dem einstigen Amtssitz des Bürgermeisters. An seiner Nordseite erinnert das Relief eines schreibenden Mannes (13. Jh.) an den römischen Dichter Vergil, der 70 v. Chr. im nahen Pietole geboren wurde.

Einer der stimmungsvollsten Plätze der Stadt ist die von Bogengängen, Cafés, Restaurants und mittelalterlichen Palazzi eingefasste *Piazza delle Erbe.* An ihr erheben sich der zinnenbekrönte **Palazzo della Ragione** 5, das 1250 errichtete Rathaus und die **Torre dell'Orologio** 6, ein mächtiger Renaissance-Turm mit einer astrologisch-astronomischen Uhr. Davor wird jeden Donnerstagvormittag *Markt* gehalten. Rechts vom Uhrturm steht die **Rotonda di San Lorenzo** 7 (tgl. 10–12.30 und 14.30–16.30 Uhr, im Winter kürzer), eine zweigeschossige romanische Kuppelkirche mit halbkreisförmiger Apsis. Sie wurde 1082 im Auftrag der Markgrafin Mathilde von Tuscien errichtet. Dank umfassender Restaurierungen Anfang des 20. Jh. präsentiert sich der *Innenraum* mit umlaufenden Arkaden heute wieder im ursprünglichen schlichten Zustand.

Einen überaus dekorativen Akzent setzt unweit davon die **Casa Boniforte** 8, das

*Das 1474 entstandene Wandbild ›Ludovico II. Gonzaga und seine Familie‹ von Mantegna in der Camera degli Sposi des Palazzo Ducale zeigt das höfische Leben des 15. Jh.*

Wohnhaus eines reichen Händlers aus dem 14. Jh., dessen Fassade mit ihren Maßwerkbogen und stilisierten Säulchen sich deutlich an venezianischer Architektur orientiert.

Zu den Prestigebauten der Gonzaga gehörte auch die vom Stararchitekten der Renaissance, *Leon Battista Alberti*, 1470 neu konzipierte Kirche **S. Andrea** 9 an der benachbarten *Piazza Mantegna*. Der gotische *Campanile* (1413) stammt noch von der Vorgängerkirche. Der Neubau, frühes Paradebeispiel der Renaissance, wurde 1472 begonnen. Die *Fassade* vereint Antikenzitate wie Triumphbogen und giebelgeschmückte Tempelfront. Als stilbildend sollte sich vor allem die Gestaltung des *Innenraumes* erweisen. Alberti entwarf eine tonnengewölbte Saalkirche mit Querschiff, Vierung und Chor sowie an das Langhaus angefügten Seitenkapellen und hatte damit den Typ der *Wandpfeilerkirche* entwickelt, der prägend für die Sakralbauten des Barock werden sollte. Die hohe *Tambourkuppel*, die das Stadtbild von Mantua prägt, wurde 1732–65 aufgesetzt. Das durch die Kuppelöffnungen einfallende Licht beleuchtet die Stelle der Vierung, wo in der darunter liegenden *Krypta* die *Reliquie des ›Blutes Christi‹* verehrt wird. Von ihr erzählt man sich, der blinde Kriegsknecht Longinus habe das Blut aus der Lanzenwunde des Gekreuzigten aufgefangen und sei durch einen Blutstropfen wieder sehend geworden. In der ersten *Seitenkapelle* links befindet sich das aufwendige *Grabmal* des Hofmalers **Andrea Mantegna** (1432–1506). Bei der dazugehörigen Bronzebüste handelt es sich vermutlich um sein Selbstporträt. Mantegna stand 46 Jahre lang im Dienst der Gonzaga und gehörte zu den ersten gut verdienenden Malern der Kunstgeschichte.

Sein Palazzo, die **Casa del Mantegna** 10 (Via Acerbi 47, Di–So 15–18 Uhr) südlich des Zentrums, wird heute für Kunstausstellungen genutzt.

Noch weiter südlich, am damaligen Stadtrand, ließ Federico II. Gonzaga auf einer Insel im See von *Giulio Romano* 1525–35 den weitläufigen **Palazzo del Tè** 11 (Mo 13–18, Di–So 9–18 Uhr) als Liebesnest erbauen. Der Name leitet sich von ›Tejeto‹ ab, wie die Gegend damals hieß. Das quadratische eingeschossige Lustschloss mit ausgedehnten Vorgärten, Fischteichen und Pferdeställen gilt dank seiner übersteigerten Stilelemente und ›kapriziösen Erfindungen‹ als ein Meisterwerk des *Manierismus*. Virtuos verfremdete Romano hier Architekturformen und brach bewusst mit den strengen Regeln der Renaissance. An der *Fassade*

*Himmelsvision im Palazzo del Tè – das meisterhafte Deckengemälde in der Sala dei Giganti zeigt den blitzschleudernden Jupiter inmitten der riesigen Götterschar*

etwa wird die antike dorische Säulenordnung nicht nur mit Rustika-Mauerwerk kombiniert, die Quader weisen auch noch künstliche Risse auf.

Selbst die Fresken der *Innenräume* sprühen vor Fantasie und Originaliät. Beeindruckend sind die unglaublich realistischen ›Porträts‹ von sechs Pferden aus dem berühmten Gestüt der Gonzaga in der **Sala dei Cavalli**. Den sinnenfrohen Geist des Palastes spiegeln auch die pompösen Fresken in der **Sala di Psiche**, die den Mythos von Amor und Psyche erzählen. Höhepunkt der Innenausstattung aber ist der weltberühmte ›Gigantensturz‹ in der **Sala dei Giganti**. Unter den Blitzen des Jupiter stürzen Wände und Säulen ein und die angsterfüllten Titanen, die es gewagt hatten, sich gegen die Götter zu erheben, werden unter Trümmerbergen begraben. Ganz selbstverständlich zitiert Romano hier die illusionistische Deckenmalerei Mantegnas im Palazzo Ducale, wenn er in gekonnter Verkürzung über den Köpfen der Betrachter einen überkuppelten Rundbau vortäuscht.

Krönender Abschluss eines Mantua-Besuches ist eine **Bootsfahrt** auf dem Mincio entlang des Lago di Mezzo und Lago Inferiore. Man kann auch mit dem Schiff über Minicio und Po bis nach Boretto (dann per Bus nach Sabbioneta) bzw. nach Ferrara oder Ravenna fahren. Die Anlegestelle befindet sich am *Ponte San Giorgio* von Mantua (Motonavi Andes, Tel. 03 76 32 28 75, 03 76 36 08 70).

## Praktische Hinweise

**Information:** APT del Mantovano, Piazza A. Mantegna 6, Tel. 03 76 32 82 53, Fax 03 76 36 32 92, Internet: www.aptmantova.it

### Einkaufen

**Panificio Freddi**, Piazza Cavalotti 7. Verschiedenste Brot- und Pastasorten, wie die halbmondförmigen *Tortelli* mit Kürbisfüllung, aber auch frisches Gebäck, darunter die *Torta Sbrisolona*, der mantuanische Streuselkuchen.

### Hotels

*******San Lorenzo**, Piazza Concordia 14, Tel. 03 76 22 05 00, Fax 03 76 32 71 94, Internet: www.hotelsanlorenzo.it. Erstes Haus am Platz mit altmodischem Charme und stilvoll eingerichteten Zimmern direkt neben der Rotonda. Herrliche Aussichtsterrasse.

***Broletto, Via Accademia 1, Tel. 03 76 22 36 78, Fax 03 76 22 12 97, Internet: http://space.tin.it/viaggi/fsmirnov. Zentral gelegenes Hotel mit freundlichen Zimmern.

**Restaurants**

**Aquila Nigra**, Vicolo Bonacolsi 4, Tel. 03 76 32 71 80. Spitzenlokal in freskengeschmücktem Patrizierhaus. Zu empfehlen die (entengefüllten) *Ravioli d'anatra* und Hecht mit gerösteter Polenta (So geschl.).

**Il Portichetto**, Via Portichetto 14, Tel. 03 76 36 07 47. Einfache Osteria mit guten Fischgerichten und traditionellen Spezialitäten wie die mit Kürbiscreme gefüllten *Tortelli di Zucca* (So/Mo geschl.).

## TOP TIPP 9 Sabbioneta

*Idealstadt der Renaissance.*

Inmitten der Poebene liegt Sabbioneta, umgeben von einem mächtigen sternförmigen *Mauerring* mit vorgelagertem Wassergraben. Befestigte Tore führen in das Städtchen, das von rechtwinkligen Straßen, kulissenhaften Plätzen und imposanten Bauwerken geprägt wird. Ihr Schöpfer war *Vespasiano Gonzaga* (1511–1591), Spross einer Nebenlinie der Mantuaner Familie. Mit großem Eifer plante er ab 1554 seine Stadt, die den Vergleich mit Fürstenhöfen wie Mantua nicht scheuen sollte. Zwar wurde der in spanischen Diensten stehende *Heerführer* Vespasiano vom Kaiser 1557 tatsächlich zum Herzog erhoben, doch füllte sich das ›kleine Athen‹, wie es Lobredner nannten, zu Lebzeiten Vespasianos nie mit einem wirklichen Hofstaat. Nach seinem Tod fiel die Stadt für Jahrhunderte in einen Dornröschenschlaf. So konnte sich eine zwar etwas renovierungsbedürftige, aber dennoch beeindruckende Idealstadt der Renaissance erhalten. Knapp 300 Menschen wohnen heute hier und außer am Mittwochvormittag, wenn auf der Piazza Ducale *Markt* abgehalten wird, herrscht beschauliche Ruhe.

Die lang gestreckte *Piazza d'Armi* schmücken eine römische Säule und eine Statue der Pallas Athene – Beutestücke, die Vespasianos Vater bei der Plünderung von Rom 1527 ergatterte. Am Platz steht

*Größtes Gebäude von Sabbioneta ist die Galleria degli Antichi, in der Vespasiano Gonzaga seine Antikensammlung und weitere Kunstschätze untergebracht hatte*

*Im Kreise antiker Göttinen und Götter – freilich nur als Marmorstatuen zugegen – genossen Herzog Vespasiano und seine Gäste illustre Aufführungen im Teatro Olimpico*

auch der **Palazzo del Giardino** (1577–88), der mit Fresken zur römischen Mythologie und Geschichte ausgeschmückte Sommerpalast des Herzogs. Die Themenwahl war kein Zufall, schließlich verstand sich Vespasiano durch seine Mutter, die aus der römischen Familie der Colonna stammte, als Nachfahre der antiken Kaiser. Die benachbarte, über 96 m lange **Galleria degli Antichi** (1583–84) beherbergte denn auch Bildnisse seiner Ahnen und eine umfangreiche Antikensammlung. Allerdings brachten die Österreicher 1774 viele Stücke nach Mantua, wo sie heute im Palazzo Ducale ausgestellt sind.

Einzig im hiesigen **Palazzo Ducale** an der gleichnamigen Piazza etwas weiter nördlich blieben neben reichem Freskenschmuck und schönen Kassettendecken einige Stuckbüsten der Gonzaga und vier lebensgroße Reiterstatuen erhalten, die Vespasiano und seine Ahnen darstellen. Aufmerksamkeit verdient im Erdgeschoss auch eine Kopie der *Grabfigur* des Herzogs im Habitus eines römischen Kaisers.

Das bronzene Original (1588) von Leone Leoni befindet sich in der nahen **Chiesa dell'Incoronata**. Die achteckige, von einer Kuppel bekrönte Kirche ist ebenso wie das angegliederte **Museo d'Arte Sacra** nur eingeschränkt zu besichtigen (Di–So 10–13 und 15–17 Uhr).

Ein wahres Schmuckstück ist das von Vincenzo Scamaozzi 1588–90 erbaute **Teatro Olimpico**. Es folgt dem Vorbild des Teatro Olimpico (1580–83) von Andrea Palladio in Vicenza, dem ersten frei stehenden und überdachten Theatergebäude der Neuzeit. Auf der Balustrade um den Zuschauerraum posieren die Statuen der zwölf olympischen Götter. Die illusionistischen Wandmalereien dahinter zeigen Veduten und Statuen römischer Kaiser in gemalten Wandnischen.

Bis auf die Chiesa dell'Incoronata gelten für alle Monumente die gleichen *Öffnungszeiten* wie für das Ufficio del Turismo (s. u.). Dort kann man auch Eintrittskarten erwerben.

## Praktische Hinweise

**Information:** Ufficio del Turismo, Palazzo del Giardino, Tel. 03 75 22 10 44, Fax 03 75 22 21 19 (Okt.–März Di–Sa 9.30–12.30 und 14.30–17, So/Fei bis 18 Uhr, April–Sept. Mo–Sa bis 18, So/Fei bis 19 Uhr)

**Hotel**

***Giulia Gonzaga**, Via Vespasiano Gonzaga 65, Tel./Fax 03 75 52 81 69, Internet: www.albergogiuliagonzaga.com. Liebevoll eingerichtete Herberge mit modernen Bädern nur wenige Schritte von der Piazza d'Armi.

**Restaurant**

**Parco Cappuccini**, Via Santuario 30, Tel. 0 37 55 20 05. Traditionelle Küche in einer Villa aus dem 18. Jh. mit großem Park (Mo und Mi Abend geschl.).

## 10 Cremona

*Die Wiege der Geigenbaukunst.*

Selbst wer von Cremona noch nie etwas gehört hat, kennt doch den Namen ihres berühmtesten Sohnes, **Antonio Stradivari**, der in seiner Heimatstadt die noch heute lebendige Geigenbautradition zu großen Höhen führte.

***Geschichte*** Auf einer von Kelten besiedelten Erhebung (kelt. *Crem*) am nördlichen Ufer des Po gründeten die Römer 218 v. Chr. die Kolonie Cremona. Bis ins Mittelalter war der Ort ein wichtiger Verkehrs- und Handelsknotenpunkt. Schon seit 1098 freie **Stadtrepublik**, kämpfte das wirtschaftlich blühende Cremona in der Auseinandersetzung zwischen Kaiser und Lombardischem Städtebund auf der Seite von Barbarossa und Friedrich II. gegen Crema und Mailand. Das Ende der kommunalen Selbstständigkeit läutete 1254 die *Signoria* (Einzelherrschaft) des Ghibellinen Buoso da Dovara ein. Anfang des 14. Jh. geriet die Stadt dann bis zur Einigung Italiens 1861 in den Bannkreis der Mailänder **Visconti**. Zeitgleich erlebte sie eine künstlerische Blütezeit. Weit über seine Grenzen hinaus bekannt wurde Cremona im 16. Jh. durch die virtuosen Geigenbauer Amati und Stradivari.

Heute ist die lebendige **Provinzhauptstadt** (71 000 Einw.) auch ein wichtiges Zentrum der Nahrungsmittelindustrie. Zu den Spezialitäten gehört u. a. *Torrone*. Das Mandelnougat in Turmform ist eine Nachbildung des Wahrzeichens Cremonas, des *Torrazzo* genannten Glockenturms. Ein Konditor soll den Torrone 1441 anlässlich der Hochzeitsfeier von Francesco Sforza und Bianca Maria Visconti kreiert haben.

***Besichtigung*** Mittelpunkt der Altstadt ist die *Piazza del Comune*, dank ihrer grandiosen Bauten eine der repräsentativsten Platzanlagen Oberitaliens. Der prächtige **Duomo** (tgl. 7.30–12 und 15.30–19 Uhr) etwa wurde 1107 über einem Vorgängerbau im lombardisch-romanischen Stil begonnen, 1190 geweiht und 1332 im Stil der Gotik vollendet. Ende des 15. Jh. blendete man der Backsteinkirche eine prachtvolle *Marmorfassade* mit Portalvorbau, großer Fensterrose und Zwerggalerien vor, der skulpturengeschmückte Giebel kam erst im 16. Jh. hinzu. Viele der plastischen Arbeiten stammen noch aus der ersten Bauphase wie die *Figuren* der Propheten Jesaja, Jeremia, Daniel und Hesekiel in den Portalnischen oder der wunderbare *Fries* darunter mit den allegorischen Darstellungen der Jahreszeiten und Monate.

Das weite **Innere** der dreischiffigen Emporenbasilika mit breitem Querhaus ist mit *Fresken* ausgemalt, die der *Schule von Cremona* zugeschrieben werden. Bemerkenswert sind z. B. die ›Kreuzigung‹ (1521) und ›Kreuzabnahme Christi‹ (1522) des Malers *Pordenone* an der Fassadeninnenseite sowie der Freskenzyklus (1514/15) mit Szenen aus dem Leben Mariens und Christi von *Boccaccio Boccaccino* im Mittelschiff. Ein Juwel der Intarsienkunst bildet das *Chorgestühl* (1482–90); die neunte Intarsie von links zeigt die Kirchenfassade vor den Veränderungen des 15. Jh.

Der Torbogen *Portico della Bertazzola* verbindet den Dom mit dem Mitte des 13. Jh. errichteten **Torrazzo** (voraussichtlich bis Ende 2003 geschl.). Dieser gilt mit seinen 111 m als der höchste Glockenturm Italiens. Wer die 487 Stufen hinaufsteigt, genießt von oben eine fantastische Aussicht auf die Stadt.

Den Dreiklang religiöser Bauten an der Piazza del Comune beschließt das von einer Kuppel überwölbte Oktogon des **Battistero** (1167, Umbauten 14.–16. Jh.) mit umlaufender Säulengalerie.

Dem Dom gegenüber erhebt sich der weltliche Pol der freien Stadtrepublik, die elegante **Loggia dei Militi** (1292). Der zinnenbekrönte Backsteinbau war Amtssitz für die Kommandanten der Stadtmiliz. Mit ihren ausgewogenen Proportionen und attraktiven Terrakotta-Ornamenten zählt sie zu den schönsten Profanbauten der Lombardei.

Der benachbarte, im 13. Jh. begonnene und mehrfach umgebaute **Palazzo del**

**Comune** ist noch heute Sitz der Stadtverwaltung. Streng gehüteter Schatz Cremonas ist in dessen *Sala dei Violini* (Di–Sa 9–18, So/Fei 10–18 Uhr) die Geigensammlung der berühmten *Liutai* (Geigenbauer), wie die berühmte ›Cremonese‹ (1715) von Stradivari, die ›Hammerle‹ (1658) von Nicolò Amati und die Geige für Karl IX. von Frankreich (1566) von Andrea Amati. Jeden Vormittag werden sie vom Konservator Andrea Mosconi abwechselnd gespielt, damit die Klangkörper nicht ›einrosten‹. Wer den himmlischen Klängen lauschen möchte, muss sich mindestens zwei Wochen vorher anmelden (A. Mosconi, Tel. 0 37 22 21 38).

Das *Museo Stradivariano* ist Teil des **Museo Civico Ala Ponzone** (Via Ugolino Dati 4, Di–Sa 9–18, So/Fei 10–18 Uhr) im Palazzo Affaitati (16. Jh.) weiter nördlich. An Stradivari erinnern hier Arbeitsmodelle, Schablonen, Werkzeuge, Zeichnungen und weitere Geigen aus seiner Produktion. Daneben birgt das Haus eine reiche *Pinacoteca* mit Schwerpunkt

*Wie zu Zeiten ihrer großen Vorgänger Amati, Stradivari oder Guarneri fertigen die Liutai von Cremona noch heute wundervolle Geigen in reiner Handarbeit*

## Wo nicht nur der Himmel voller Geigen hängt

*Studenten aus aller Welt besuchen die* **Scuola Internazionale di Liuteria**, *die Geigenbauschule von Cremona. Ahnherr der Cremoneser Liutai (Geigenbauer) war* **Andrea Amati** *(1505–1577), der Mitte des 16. Jh. der Geige ihre bis heute gültige Form gab. Unter seinen Auftraggebern befand sich auch der französische König Karl IX., der bei ihm mehr als 20 Instrumente orderte. Einen außerordentlichen Qualitätssprung machte der Geigenbau unter* **Antonio Stradivari** *(1644–1737), der mit wissenschaftlicher Akribie verschiedene Holzarten, Leime und Lacke studierte. Der unverwechselbare Klang seiner Geigen war und ist selbst in großen Sälen noch bis in den letzten Winkel zu hören. Im Laufe seines Lebens schuf der Meister an die 1200 Streichinstrumente mit den typischen formvollendeten Schalllöchern (F-Löcher). Dritter im Bunde war der geniale* **Giuseppe Guarneri** *(1698–1744), genannt del Gesù. Er stand zwar stets gewissermaßen im Schatten von Stradivari, verlieh aber seinen Geigen jene ›unbeschreibliche klangliche Leidenschaft‹, die z. B. Paganini Anfang des 19. Jh. zu Hochform auflaufen ließ.*

*Nach einer Zeit des Niedergangs besann man sich in Cremona im Jahr 1937, anlässlich des 200. Todestages Stradivaris, dieser großen Tradition, gründete Schulen und rief Musikwettbewerbe ins Leben. So findet z. B. alljährlich von Mitte Mai bis Mitte Juni das* **Festival di Cremona – Claudio Monteverdi** *mit Barockmusik und Vokalkonzerten statt. Heute arbeiten wieder an die 60 Geigenbauer und Restauratoren in der Stadt. Eine neue Cremoneser Geige kostet übrigens zwischen 1800 und 7750 €.*

*Im 15. Jh. statteten Cremonas wohlhabende Bürger ihren mächtigen Dom mit einer prächtigen Schaufassade aus, der Torrazzo daneben stammt aus dem 13. Jh.*

auf den Cremoneser Meistern, aber auch mit Werken von *Caravaggio* und einem ›Porträt mit Gemüse‹ des Manieristen *Arcimboldo*.

Geht man von der Piazza del Comune gen Nordosten, erreicht man über den *Corso Matteotti* den **Palazzo Fodri** (1490–93), der wie viele Cremoneser Palazzi der Frührenaissance mit reichem Terrakotta-Schmuck und schönem Innenhof prunkt.

Etwa 2 km östlich des Zentrums erhebt sich die Kirche **San Sigismondo** (1463), ein Meisterwerk der Renaissance. Den Innenraum schmücken seit dem 16. Jh. prachtvolle *Fresken* der Cremoneser Schule. Im Vorgängerbau wurde 1441 die Ehe zwischen dem Condottiere Francesco Sforza und Bianca Maria Visconti besiegelt, die anschließend den Neubau stiftete.

## Praktische Hinweise

**Information:** Ufficio informazioni, Piazza del Comune 5, Tel. 0 37 22 32 33, Fax 03 72 53 40 80, Internet: www.cremonaturismo.com.

### Hotels

******Dellearti Design**, Via Bonomelli 8, Tel. 03 72 41 45 66, Fax 03 72 41 45 67, Internet: www.dellearti.com. Zentral gelegenes, im Juli 2002 eröffnetes Designer-Hotel mit moderner Glas-Eisen-Konstruktion.

*****Astoria**, Via Bordigallo 19, Tel. 03 72 46 16 16, Fax 03 72 46 18 10. Zentrales und dennoch ruhiges Hotel in einem ehem. Kloster nahe der Piazza Roma (Parkplatz vorhanden).

### Restaurants

TOP TIPP **La Sosta**, Via Sicardo Vescovo 9, Tel. 03 72 45 66 56. Beste regionale Küche mit gutem Preis-Leistungs-Verhältnis. Probieren sollte man die *Gnocchi Vecchia Cremona* nach einem Rezept aus dem 6. Jh. oder die ausgezeichneten *Mostarda*, kandierte Senffrüchte, die zu gesottenem Fleisch oder Käse gereicht werden (So Abend und Mo geschl.).

**Porta Mosa**, Via S. Maria in Betlem 11, Tel. 03 72 41 18 03. Bodenständige Küche mit klassischen Gerichten wie parmesangefüllte *Marubini*, eine in Fleischbrühe gekochte Ravioliart, *Cotechino* (Kochwurst) mit Linsen und zum Abschluss *Torrone cremonese* (So geschl.).

# Comer See, Lago Maggiore und Lago d'Orta – hymnische Landschaftsbilder

Beim Anblick der *Oberitalienischen Seen* geraten selbst ansonsten abgeklärte Naturen ins Schwärmen. An den Ausläufern der Alpen bahnen sich der Lago Maggiore und der Lago di Como ihren Weg nach Süden und prunken dank des milden Klimas mit einer üppigen mediterranen Vegetation. Herzstücke des **Comer Sees** sind die *Riviera Tremezzina* und *Bellagio*, die im 18. Jh. zur beliebten Sommerfrische der Oberschicht avancierten und dank Belle-Époque-Villen und Parks ihren Zauber bis heute bewahrt haben. In der Seidenstadt **Como** dokumentiert die prächtige Domfassade die Kunstfertigkeit der sog. Maestri Comacini. Juwelen des **Lago Maggiore** sind die *Borromäischen Inseln* mit ihren herrlichen Barockgärten und die *Villa Taranto* mit über 500 Rhododendron-Arten. Legenden ranken sich um den von tiefem Grün umgebenen **Lago d'Orta** mit seiner verwunschenen Insel *San Giulio*. Mit eindrucksvollen historischen *Freskenzyklen* überraschen die eher abgeschiedenen **Castiglione Olona** und **Castelseprio**. Einer der interessantesten Sammlungen zeitgenössischer Kunst begegnet man in der *Villa Panza* von **Varese**.

## 11 Como

*Seidenstadt mit reich geschmückten Kirchen und der ersten ›Batterie‹ der Welt.*

Für einen ersten Blick auf Como geht es mit der *Funicolare* (Zahnradbahn) ab Piazza A. De Gasperi oder über die 5 km lange Panoramastraße ins Villenviertel **Brunate** hinauf. Von dort genießt man das Panorama mit Stadt und Comer See zu Füßen, in der Ferne die Bergwelt des Schweizer Wallis. Das hübsche Provinzstädtchen Como (83 000 Einw.) lebt nicht nur vom Tourismus, es ist seit dem 18. Jh. ein Zentrum der *Textil-*, vor allem der *Seidenherstellung*.

Seine hübsche, schachbrettartig konzipierte Altstadt verdankt es den *Römern*, die 196 v. Chr. die hier bestehende keltische Siedlung eroberten. Zeitweilig stand der Ort, seit dem 4. Jh. Bischofssitz, unter dem Schutz von Kaiser Barbarossa und Friedrich II., wurde jedoch 1355 von den Mailänder *Visconti* unterworfen. Bekannt wurde die Stadt in der Frühromanik durch die *Maestri Comacini*. Es waren Baumeister und Steinmetzen, Wanderarbeiter aus Como und Umgebung, die zahlreiche oberitalienische Kirchen wie S. Ambrogio in Mailand mit ihrer ausdrucksstarken und fantasievollen Formensprache prägten.

Juwel der fußgängerfreundlichen, mauerbekränzten Altstadt, der **Città Murata** am Seeufer, ist das harmonische Bauensemble um die *Piazza Duomo*. Aus dem frühen 13. Jh. stammen die **Torre Comunale**, deren Turmspitze allerdings 1927 erneuert wurde, und der mittelalterliche **Broletto**, das weiß-grau-rot gebänderte Rathaus mit seiner offenen Säulenhalle und den feingliedrigen Fenstern mit Drillingsbogen. Der grandiose **Duomo S. Maria Maggiore** (tgl. 7–12 und 15–19 Uhr) wurde 1396 von Comasker Baumeistern begonnen, doch erst Mitte des 18. Jh. mit der *Vierungskuppel* nach Plänen Filippo Juvarras vollendet. Ein elegantes Meisterwerk der Frührenais-

**Oben:** *Liebliches südliches Flair umgibt das mondäne Bellagio am Comer See*

**Unten:** *Mit einem üppigen Barockgarten kann die Isola Bella, die ›schöne Insel‹, inmitten des Lago Maggiore aufwarten*

*Als Paradebeispiel eines Bauwerks zwischen Gotik und Renaissance zählt der Duomo S. Maria Maggiore von Como, eines der bedeutendsten Gotteshäuser Norditaliens*

sance ist die *Fassade* mit ihren Türmchen, skulpturengeschmückten Rahmenbändern und Portallünetten sowie dem filigranen Radfenster. Die aus Como stammenden Brüder Tommaso und Jacopo Rodari schufen die beiden *Sitzfiguren* in den Nischen am Hauptportal, die den antiken Literaten Plinius d. Ä. und den Naturforscher Plinius d. J. (beide ebenfalls aus Como) darstellen. Die Rodari gestalteten auch die reich skulptierte *Porta della Rana* an der Nordfront, deren namengebender Frosch allerdings nur noch in Umrissen auf der linken Seite zu erkennen ist.

Das weiträumige, dämmrige **Innere** der spätgotischen dreischiffigen Basilika prunkt mit *Wandteppichen* aus dem 16./17. Jh., einer bewegenden ›Kreuzabnahme‹ von Tommaso Rodari (1489) im linken Seitenschiff sowie mit Gemälden von Bernardino Luini und Gaudenzio Ferrari.

Über die Flaniermeile *Via Vittorio Emanuele II.* gelangt man von der Basilika ostwärts zur malerischen *Piazza San Fedele*, wo sich die Kirche **San Fedele** (tgl. 7–12 und 15–19 Uhr) erhebt. Sie wurde im 10.–12. Jh. über einem Vorgängerbau errichtet. Das Innere ließ man während der Renaissance und des Barock umgestalten, die Hauptfassade konnte erst 1914 vollendet werden. Bemerkenswert sind am Außenbau vor allem die original erhaltene *Apsis* mit ihrer eleganten Zwerggalerie und das reich skulptierte *Nordportal* mit Darstellungen eines geflügelten, Unheil abwehrenden Monsters und des Daniel in der Löwengrube.

Als schönes Beispiel lombardischer Frühromanik präsentiert sich am Südostrand Comos die Kirche **S. Abbondio** (Via Regina Teodolinda, Bus 9 bis Cimitero Monumentale). Diese fünfschiffige querschifflose Säulenbasilika mit Flankentürmen und hohem Chorbau entstand im 11. Jh. Blickfang des großartigen *Innenraums* ist in der Apsis der wunderbare *Freskenzyklus* (um 1350) eines sienesischen Meisters mit Szenen aus dem Leben Jesu und der Apostelfürsten Petrus und Paulus.

Interessant ist auch das östlich der Altstadt gelegene **Museo Didattico della Seta** (Via Valleggio 3, Bus 7 bis Università, Di–Fr 9–12 und 15–18 Uhr, Sa nach Voranmeldung, Tel. 0 31 30 31 80), in dem man alles über Geschichte, Herstellung und Verarbeitung der Seide erfährt, die noch heute die wirtschaftliche Lebensader Comos bildet. Die Rohseide wird übrigens inzwischen hauptsächlich aus China importiert.

Ein Spaziergang entlang der Uferpromenade *Lungolago Mafalda di Savoia* führt zum neoklassizistischen **Tempio Voltiano** (April–Okt. Di–So 10–12 und 15–18 Uhr, Nov.–März Di–So 10–12 und 14–16 Uhr). Der Museumsbau ist dem Comasker Physiker und Professor an der Universität von Pavia, Alessandro Volta (1745–1827), gewidmet, dem Entdecker des Methangases und Erfinder der Batterie, deren erstes Modell hier ausgestellt ist.

*Die Apsis von S. Abbondio ist vollständig mit mittelalterlichen Fresken ausgemalt*

*Stoffproben oder Souvenirs gefällig? Como ist für seine Seidenproduktion berühmt*

Von der Beliebtheit Comos als *Sommerfrische* zeugen die Prachtbauten am westlichen Seeufer, darunter die eindrucksvolle klassizistische **Villa Olmo** (Mo–Fr 9.30–12 und 15–18 Uhr) aus dem 18. Jh. mit ihrem traumhaften *Park*, von dem man einen schönen Blick auf Stadt und See genießt. Sie dient heute als Kongress- und Ausstellungszentrum.

Ein schönes Panorama bietet sich auch von den Ruinen des **Castello Baradello** (Bus 1 bis Piazza Camerlata, dann 15 Min. Fußweg, Do, Sa, So/Fei 14.30–18 Uhr) auf dem *Monte della Croce* 3 km südlich des Zentrums. Der weithin sichtbare Turm der Festung ist ein Wahrzeichen der gesamten Region.

*In traumhafter Lage schmiegt sich Bellagio ▷ ans Südufer des Comer Sees*

## Praktische Hinweise

**Informationen:** APT di Como e del Comasco, Piazza Cavour 17, Tel. 0 31 26 97 12, Fax 0 31 24 01 11, Internet: www.lakecomo.com

### Einkaufen

**Armani Factory Store**, Strada provincale per Bregnano,Vertemate (südlich von Como), 12, Tel. 0 31 88 73 73. Direktverkauf des renommierten Designerlabels.

**Chicco Shopping Club**, Via Tornese 10, Grandate (bei Como), Tel. 0 31 38 23 90. Direktverkauf aller Chicco-Produkte für Babys und Kinder.

**Mantero**, Via Volta 68, Como. Seidenstoffe, Halstücher und Krawatten bester Qualität zu günstigen, aber nicht reduzierten Preisen.

**Seterie Martinetti**, Via Torriani 41, Como, Tel. 0 31 26 90 52. Direktverkauf von Seidenstoffen, Versace-Halstüchern oder Kenzo-Krawatten.

### Hotels

********Villa Flori****, Via Cernobbio 12, Tel. 03 13 38 20, Fax 0 31 57 03 79, Internet: www.hotelvillaflori.com. Die Villa gehörte einst der Gattin Garibaldis, noch heute bezaubern der herrliche Seeblick, der schöne Garten und die Terrassen. Gourmetfreuden verspricht das ausgezeichnete Restaurant (Villa Dez.–Febr. geschl.).

*****Tre Re**, Via Boldoni, Tel. 0 31 26 53 74, Fax 0 31 24 13 49, Internet: www.hoteltrere.com. Zweckmäßig eingerichtete Zimmer in einem ehem. Kloster in der Città Murata mit bodenständigem guten Restaurant.

### Restaurants

**Sant'Anna 1907**, Via Turati 1/3, Tel. 0 31 50 52 66. Traditionelle lombardische Qualitätsküche am Rande der Altstadt (Fr und Sa Mittag geschl.).

**Osteria l'Angolo del Silenzio**, Viale Lecco 25, Tel. 03 13 37 21 57. Eines der ältesten Lokale Comos, in dem von 19 Uhr bis Mitternacht herzhafte Fisch- und Fleischgerichte serviert werden (Mo und Di Mittag geschl.).

## 12 Comer See

*»Ich kenne keine Gegend, die so wie diese sichtlich vom Himmel gesegnet ist.«*

Franz Liszt

Ein beliebtes Wochenendziel vieler Mailänder ist der **Lago di Como**, auch *Lario* genannt. Mit 146 km² ist er der drittgrößte See Oberitaliens, seine Ufer faszinieren mit einer Mischung aus rauer Naturkulisse im Norden und verschwenderisch-mediterraner Vegetation im Süden.

Das noble **Cernobbio** am Südwestufer, inzwischen schon fast mit Como zusammengewachsen, gilt als luxuriöses Feriendomizil der Reichen und Schönen. Bekannt ist es vor allem wegen der von prächtigen Gärten umgebenen *Villa d'Este* (16. Jh.) am Seeufer, heute ein Luxushotel. Weiter nördlich führt von dem hübschen Ort **Argegno** mit seiner romanischen Brücke eine Seilbahn ins Dorf *Pigra* (870 m), von wo man eine fantastische Aussicht auf den See genießt. Ebenfalls von Argegno lohnt ein Abstecher ins malerische **Valle d'Intelvi**. Aussichtsreiche *Wanderwege* durchziehen die vielfältige Berglandschaft. Der in Nadelwälder gebettete Ort *Lanzo d'Intelvi* (907 m) besitzt einen der schönsten und höchstgelegenen 9-Loch-Golfplätze der Lombardei

und ist im Winter beliebtes Skigebiet. Ein atemberaubendes Panorama genießt man vom 6 km entfernten Aussichtspunkt **Sighignola** (1318 m), der auch ›Balkon Italiens‹ genannt wird. Der Blick reicht über den Luganer und Comer See bis zu den Alpen mit dem Monte Rosa.

Doch zurück zum Comer See: Vom kleinen Ort *Sala Comacina* setzt man in 5 Min. über zur **Isola Comacina**. In der Antike war die grüne, 3 km² große Insel Bollwerk gegen die Langobarden und noch im Mittelalter heiß umkämpft, wovon zahlreiche Ruinen zeugen wie im Westen die Überreste der romanischen Kirche *S. Eufemia* und des frühchristlichen *Battistero* mit schönem Mosaikboden. Einzig noch intakter Bau ist direkt daneben die Kirche *San Giovanni* aus dem 16. Jh. Eine Institution ist das im Inselosten gelegene Restaurant *Locanda dell'Isola Comacina* (März–Okt. Di geschl., Tel. 0344 56755) mit seinen opulenten Speisen.

Prachtmeile des Comer Sees ist die **Riviera Tremezzina** zwischen Lenno und Cadenabbia mit ihrer üppigen Vegetation und den prunkvollen Villen, die direkt am Seeufer liegen. Eine der schönsten ist bei *Lenno* die romantische **Villa del Balbianello** (April–Okt. Di, Do–So 10–12.30 und 15.30–18.30 Uhr nur nach Voranmeldung, Tel. 0344 56110) aus dem 18. Jh. Ihre weite Loggia mit Seeblick wusste schon der Bauherr Kardinal Durini zu schätzen.

Arkadengeschmückte Häuser und terrassierte Stadtgärten prägen das pittoreske **Tremezzo**. Juwel des Ortes ist etwas nördlich die berühmte *Villa Carlotta* (April–Sept. tgl. 9–18 Uhr, März, Okt. 9–11.30 und 14–16.30 Uhr). Anfang des 18. Jh. wurde sie für den Mailänder Marchese Giorgio Clerici erbaut und ging später in den Besitz des Grafen Gian Battista Sommariva über, der sie klassizistisch umgestaltete und mit Kunstwerken schmückte. Ihren Namen verdankt die Villa der preußischen Prinzessin Charlotte von Nassau, die sie im 19. Jh. als Hochzeitsgeschenk von ihrer Mutter erhielt. Sie beherbergt heute ein *Museum* mit Empiremöbeln, neoklassizistischen Skulpturen von Antonio Canova und Berthel Thorvaldsen sowie Gemälden von Francesco Hayez. Paradiesisch ist der *Garten* mit seinem Blütenmeer von Azaleen und Rhododendren.

Von *Cadenabbia* setzt eine Autofähre in 10 Min. zum Postkartenidyll **Bellagio** über, einem der mondänsten Ferienzentren des 19. Jh. Bilacus, ›Zweiseen‹, nannten es die Römer wegen seiner einmaligen Lage zwischen den beiden Seearmen. Treppensträßchen gesäumt von Cafés, Boutiquen und Souvenirshops durchziehen das schmucke Städtchen. Der Multimillionär Steve Wynn ließ ›Bellagio‹ übrigens 1998 in Las Vegas als Hotelanlage nachbauen. Besonders schön ist der Blick von den oberhalb des Ortes in Terrassen angelegten Gärten der *Villa Serbelloni* (1492 erbaut, 1788 klassizistisch erneuert), die im Rahmen einer *Führung* (Treffpunkt Promo Bellagio, Piazza della Chiesa 14, April–Okt. Di–So 11 und 16 Uhr) besichtigt werden können. Am südlichen Ortsrand ließ sich Anfang des 19. Jh. der Vizepräsident der Cisalpinischen Republik Napoleons im Empirestil die nach ihm benannte herrschaftliche *Villa Melzi d'Eril* (März–Okt. tgl. 9–18.30 Uhr) erbauen. Das weitgehend original ausgestattete Haus liegt in einer prächtigen Gartenanlage mit Grotten und klassizistischen Skulpturen.

Idealer Ausgangspunkt für Erkundungsfahrten ins Umland ist das lebhafte **Menaggio** am Westufer mit seiner malerisch-verwinkelten Altstadt.

*Königlichen Wohnkomfort bietet die elegante Villa Carlotta bei Tremezzo*

Bedeutendster Ort am Nordende des Comer Sees ist das Städtchen **Gravedona**, das bereits von den Römern besiedelt wurde. Seine romanische Kirche *S. Maria del Tiglio* (12. Jh.) mit integriertem Glockenturm stammt aus der Zeit, als Gravedona freie Stadtrepublik war. Ihren Zentralbaugrundriss mit drei halbrunden Nischen folgt dem des Vorgängerbaus, eines frühchristlichen Baptisteriums.

**Domaso** und gegenüber am Ostufer **Colico** sind wegen ihrer günstigen Windbedingungen besonders bei Surfern, Seglern und Drachenfliegern beliebt. Von der östlichen Uferstraße lohnt bei Olgiasca ein Abstecher (ca. 4 km) zur **Abbazia di Piona**, einer großen Zisterzienserabtei aus dem 13. Jh. in schöner Seeuferlage. Die Klosterkirche *San Nicolò* (1138) birgt Freskenfragmente aus dem 13. Jh, der kleine Kreuzgang reich skulptierte Kapitelle.

Weiter südlich, am Ausgang des schönen *Val Sassina*, entstand im 19. Jh. das am See gelegene Textilzentrum **Bellano**. Attraktion des verwinkelten Ortes ist der *Orrido* (Juni–Sept. tgl. 10–22.30 Uhr, Okt.–Mai Di–So 10–13 und 15–18 Uhr), eine 20 m tiefe Felsschlucht, in die sich das aus dem Tal kommende Flüsschen Pioverna als reißender Wasserfall ergießt. Man erreicht die Klamm von der Kirche SS. Nazaro e Celso über einen ausgeschilderten Weg. Das nahe gelegene Fischerdorf **Varenna** ist heute ein beschaulicher Ferienort mit häufigen Fährverbindungen nach Menaggio und Bellagio. Sehenswert sind hier die terrassierten Gärten (April–Nov. 9–19 Uhr) der *Villa Monastero*. Das einstige Zisterzienserkloster beherbergt heute ein Kongresszentrum.

Das lebhafte **Lecco** (46 000 Einw.) am Südostzipfel des Comer Sees ist seit 1995 Hauptstadt der gleichnamigen Provinz. Hier siedelte der berühmte Sohn der Stadt, *Alessandro Manzoni* (1785–1873) seinen Roman ›I Promessi Sposi‹ (›Die Verlobten‹) an. Das Historiendrama erzählt die problematische Liebesgeschichte zwischen dem Seidenspinner Renzo und der Bauerntochter Lucia zur Zeit der spanischen Fremdherrschaft. Mit einem Faltblatt des IAT (s. u.) kann man sich in Lecco auf die Spuren des Romans und Manzonis begeben. Das Stadtbild von Lecco bestimmen heute große Spinnereien, Webereien und die Metall verarbeitende Industrie.

*Rings um die zentrale Piazza von Bellagio laden gediegene Hotels und Restaurants die Urlaubsgäste zu einem unvergesslichen Aufenthalt am Comer See ein*

Die Umgebung ist geprägt von den eindrucksvoll zerklüfteten Dolomiten-Massiven *Grigne* (2410 m) und *Resegone* (1875 m), beides erstklassige Wander- und Klettergebiete. Wer nur einmal kurz Bergluft schnuppern möchte, kann mit der Funivia (Seilbahnstation: Via Prealpi 34 am Ostrand von Lecco) in knapp 10 Min. zur Hochebene *Piani d'Erna* (1329 m) hinauffahren.

## Praktische Hinweise

**Informationen:** IAT di Como e del Comasco, Piazza Cavour 17, Como, Tel. 0 31 26 97 12 Fax 0 31 24 01 11, Internet: www.lakecomo.com. – IAT, Via Nazario Sauro 6, Lecco, Tel. 03 41 36 23 60, Fax 03 41 28 62 31, Internet: www.aptlecco.com

### Hotels

*****__Villa d'Este__, Via Regina 40, Cernobbio, Tel. 0 31 34 81, Fax 0 31 34 88 44, Internet: www.villadeste.com. Prachtvolles Traumhotel der Luxusklasse in einer fürstlichen Residenz des 16. Jh. mit weitläufigem Park und Jogging Exercise Course (Dez.–Febr. geschl.).

*****__Villa Serbelloni__, Via Roma 1, Bellagio, Tel. 0 31 95 02 16, Fax 0 31 95 15 29, Internet: www.villaserbelloni.it. Gediegenes Luxushotel direkt am See mit Park, Beauty Center, Schwimmbad und Sauna. Das Restaurant gehört zu den Spitzenlokalen der Region.

***__Florence__, Piazza Mazzini 46, Bellagio, Tel. 0 31 95 03 42, Fax 0 31 95 17 22. Stilvoll eingerichtete Zimmer in etabliertem Hotel nahe der Bootsanlegestelle (Nov. – März geschl.).

*__Il Vapore__, Piazza T. Grossi 3, Menaggio, Tel. 0 34 43 22 29, Fax 0 34 43 48 50. Preiswerte Pension mit komfortablen Zimmern im Zentrum, trotzdem mit Seeblick. Gute Küche.

### Restaurants

**Mella**, Via Jacopo Rezia, San Giovanni (2 km von Bellagio), Tel. 0 31 95 02 05. Familiär geführtes Fischlokal mit reicher (Fisch-) Antipasti-Auswahl und hausgemachten Süßspeisen (Di geschl.).

**Pontile-Orestino**, Lungolario Battisti 4, Lecco, Tel. 03 41 36 23 80. Spezialität sind die *Missoltini*, an der Luft getrock-

det. Den künstlerischen Ruhm des Städtchens als ›toskanische Insel in der Lombardei‹ begründete Kardinal Branda Castiglioni (1350–1443), dessen Familie seit 1071 hier Feudalherren waren. Anfang des 15. Jh. engagierte der Kardinal die großen Künstler seiner Zeit und ließ den Ort zu einem kulturellen Zentrum nach den neuesten Prinzipien der Renaissance ausbauen. Trotz der Zerstörungen durch die Mailänder Sforza im Jahre 1513 hat Castiglione Olona sein Flair bewahrt. Zu den bedeutendsten Bauten gehören der *Palazzo Branda Castiglioni* (April–Sept. tgl. 9–12 und 15–18, So/Fei 10.30–12.30 und 15–18, Okt.–März Di–Sa 9–12 und 15–18, So/Fei 15–18 Uhr), einst Residenz des Kardinals und heute *Stadtmuseum*, und die *Chiesa della Villa*, ein Zentralbau aus den Jahren 1422–43. Die *Collegiata* und das *Battistero* (beide Di–So 10–12 und 14.30–17.30 Uhr) schließlich sind mit *Fresken* von *Masolino da Panicale* (1383–1440) ausgemalt, einem toskanischen Vorreiter der Renaissance. Die *Apsis* der Kollegiatskirche schmückte er mit Szenen aus dem Marienleben (um 1428). In seine Wandmalereien mit Szenen aus dem Leben Johannes d. T. im Baptisterium integrierte er vermutlich Porträts von Zeitgenossen.

Wenige Kilometer südlich von Castiglione Olona trifft man auf die Ruinen des Ortes **Castelseprio** (März–Okt. Di–Sa 8.30–19.20, So 9.30–18.20 Uhr, sonst Di–Sa 9–15, So/Fei 8.30–16.30 Uhr). Sie liegen auf einem schon in der Antike befestigten Hügel an den Ausläufern der Voralpen. Unter den Langobarden, die von hier aus das gesamte Umland und die Alpenhandelswege kontrollierten, war *Sibrium* Verwaltungssitz einer Provinz, die von Como über Bellinzona bis fast nach Mailand reichte. Nach der Zerstörung durch die Mailänder 1287 verfiel Castelseprio und wurde erst zufällig während der Partisanenkämpfe im Zweiten Weltkrieg wieder entdeckt. Die Archäologen fanden Reste von Mauern und Wehrtürmen sowie eine frühchristliche Basilika mit oktogonalem Baptisterium und eine sechseckige romanische Kirche. Etwas weiter westlich liegt die relativ gut erhaltene Kirche **S. Maria Foris Portas** (7./9. Jh.). Die Chorapsis schmückt ein bedeutender *Freskenzyklus* mit der Jugendgeschichte Christi, der stilistisch den Übergang von spätantiker zu byzantinisch-frühchristlicher Kunst markiert.

### Praktische Hinweise

**Informationen:** IAT, Piazza Garibaldi, Castiglione Olona, Tel. 03 31 85 80 48, Fax 03 31 82 44 57

## 15 Lago Maggiore

*Lieblicher See mit nostalgischen Dörfern und subtropischer Blütenpracht.*

Zwei italienische Regionen und das Nachbarland Schweiz teilen sich den Lago Maggiore, auch *Lago Verbano* genannt. Sein Nordzipfel mit Ascona und Locarno gehört zur Schweiz (siehe ADAC Reiseführer ›Tessin‹ und ›Schweiz‹), das Ostufer zur Lombardei, das Westufer zum Piemont. Mit seinen 212 km² ist er nach dem Gardasee der zweitgrößte der Oberitalienischen Seen.

Aufgrund seiner verkehrstechnisch günstigen Lage zwischen der Poebene und den Alpenpässen war der Lago Maggiore seit der Antike stark frequentiert. Die Familie *Borromeo* bekam ihn und seine Uferregionen von den Visconti Mitte des 15. Jh. als Lehen übertragen, um sie zu einem Bollwerk gegen die Schweiz auszubauen. In der Folge wurden zahlreiche Küstenorte befestigt und mit prunkvollen Burganlagen versehen. Schon im 18./19. Jh. entwickelte sich der wegen seiner Naturschönheiten und seines milden Klimas gerühmte See zu einer beliebten **Sommerfrische** der High Society. In Seenähe entstanden prachtvolle Villen im verspielten *Stile Liberty* (Jugendstil) mit opulenten botanischen Gärten, die noch heute zum Ruhm des Lago beitragen.

### Lombardisches Ostufer – herb und bescheiden

Das stark bewaldete Ostufer fällt zum Wasser hin steil ab. Die Orte drängen sich auf einem schmalen Uferstreifen. Der Hauptort **Luino** lockt mit einem der ältesten *Märkte* der Region. Seit 1541 wird hier jeden Mittwoch (8–16 Uhr) unter bunten Sonnenschirmen ein Warenangebot von Nahrungsmitteln über Haushaltsartikeln bis zu Ledererzeugnissen präsentiert. Vom südlich gelegenen Dorf **Laveno Mombello** aus lohnt eine Fahrt mit der Kabinenbahn (Via Tinelli 15, tgl. 10–17 Uhr, im Sommer bis 19 Uhr) auf den Gipfel des *Sasso del Ferro* (1062 m), der einen grandiosen Blick über den See und die Alpen, an klaren Tagen sogar bis

*Wie Smaragde liegen die lieblichen Isole Borromee im Blau des Lago Maggiore*

zum Schweizer Monte Rosa bietet. Auf einer Halbinsel nahe dem Südende des Sees liegt das Städtchen **Angera**, beherrscht von der mächtigen, zinnenbekrönten *Rocca* (tgl. 9.30–12.30 und 15–18 Uhr). Die Burg auf einem Kalksporn über dem Ort wurde im 14. Jh. von den Visconti erneuert, später war sie Borromeo-Besitz. In der *Sala di Giustizia* im 1. Stock ließen die Visconti einen *Freskenzyklus* (1314) anbringen, der ihren Aufstieg zum mächtigsten Geschlecht des Landes feiert. Er gilt als eines der frühesten profanen Bildprogramme in der Lombardei. Aus einer Privatsammlung der jetzigen Prinzessin Bona Borromeo ging das *Museo della Bambola* der Burg hervor, das 200 historische Puppen und Spielsachen präsentiert.

## Piemontesisches Westufer – lebhaft und kunstsinnig

Den schönsten Blick auf das Kastell von Angera genießt man von der Uferpromenade im gegenüber an der Westküste gelegenen **Arona**. Wahrzeichen des lebhaften Handelsstädtchen ist der 2,5 km weiter nördlich aufragende *San Carlone* (tgl. 9–12.30, 14–17 Uhr, im Winter nur Sa/So/Fei), das 24 m hohe Standbild des San Carlo Borromeo mit 12-m-Sockel. Der spätere Mailänder Kardinal-Erzbischof wurde hier 1538 geboren. Die Statue entstand 1614–97 nach Entwürfen von G. B. Crespi weitgehend in Kupfer. Wer die enge Treppe zum Haupt des Heiligen erklimmt, kann den schönen Ausblick aus Carlos Augen genießen.

Der Küstenabschnitt zwischen Arona und Stresa ist schon lange Ferienregion und stark verbaut, gleichwohl bilden der Urlaubsort **Stresa** und die vorgelagerten Borromäischen Inseln die Traumkulisse des Lago Maggiore. Im 19. Jh. zog Stresa den europäischem Hochadel und berühmte Künstler geradezu magisch an und begründete so seinen mondänen Ruf. Längs der Uferpromenade *Lungolago Umberto* reihen sich die Hotelpaläste und Prunkvillen der Belle Époque, die auch heute nichts von ihrem Charme eingebüßt haben. Am südlichen Ortseingang stößt man auf die *Villa Pallavicino* von 1850 mit einem der schönsten *Gärten* (März–Okt. tgl. 9–18 Uhr) im englischen Stil und kleinem Tierpark.

Nicht versäumen sollte man eine Fahrt auf den 149 m hohen **Mottarone** mit der Seilbahn (Station am Nordrand von Stresa) oder mit dem Auto über Armeno bzw. auf der gebührenpflichtigen, 9 km langen Panoramastraße *Strada Borromea* ab Alpino mit fantastischen Ausblicken auf das Umland.

Top Tipp Besuchermagneten des Lago Maggiore sind die drei **Isole Borromee**, die Borromäischen Inseln, die unweit vom Ufer im Westarm des Sees liegen. Häufige Schiffsverbindungen bestehen von Stresa, Arona und Verbania. Ihren Ruhm verdanken die Inseln der Familie Borromeo, die Mitte des 17. Jh.

die Felseilande in ein barockes Gesamtkunstwerk verwandelte.

Die **Isola Bella** (tgl. 9–12 und 13.30–17 Uhr) schmückt ein wunderbarer *Barockgarten*. In zehn großen Stufen steigen die Gartenterrassen vom Ufer pyramidenförmig an, oben bekrönt von der Statue eines Einhorns, dem Wappentier der Borromäer. Der riesige *Palazzo* prunkt außen mit großartigen Freitreppen, innen mit reich ausgestatteten Sälen, Spiegelgalerien und muschelgeschmückten Tuffsteingrotten.

Die größte der drei Inseln ist die eher stille **Isola Madre**. Auch hier steht ein barocker *Palazzo Borromeo* (tgl. 9–12 und 13.30–17 Uhr), dieser präsentiert eine interessante Marionettensammlung. Hauptattraktion ist wiederum der *Park* mit Azaleen, Kamelien und Rhododendren, zwischen denen Fasane und Pfaue herumstolzieren.

Die kleine **Isola dei Pescatori** besteht im Wesentlichen aus einem malerischen Dorf mit schlichten Fischerhäuschen, deren Bewohner jedoch inzwischen vom Tourismus leben.

Gegenüber von Stresa, auf der anderen Seite des Lago-Westarms liegt **Verbania** (30 000 Einw.). Die Provinzhauptstadt wurde 1939 aus zwei Orten zusammengelegt, dem geschäftigen *Intra* mit dem Fährhafen und dem kleineren *Pallanza* mit seinen von Gärten umschlossenen Villen. Zwischen den beiden Ortsteilen liegt auf der Landzunge Castagnola die *Villa Taranto* (April–Okt. tgl. 8.30–19.30 Uhr) mit einem der eindrucksvollsten *botanischen Gärten* Europas. Der 20 ha große Park birgt 20 000 verschiedene Pflanzenarten, darunter allein 500 Arten von Rhododendren, und im Mai, während der *Settimana del Tulipano*, verwandelt er sich in ein Meer von 80 000 Tulpen.

Richtung Norden verengt sich der Lago Maggiore zusehends und die Küste fällt steil ab. Ein beliebter Luftkurort ist hier das von Oliven-, Orangen- und Zitronenhainen gerahmte **Cannero Riviera**, das sogar mit einem kleinen windgeschützten Strand lockt. Wenige Kilometer nördlich vom Ort stehen die Ruinen der *Castelli di Cannero* auf drei vorgelagerten Inseln, wo einst die Raubritter-Brüder Mazzardi hausten.

Den nördlichen Schlusspunkt des Lago setzt das malerische **Cannobio**. Es besticht durch den mittelalterlichen Ortskern mit seinen pittoresken Gassen sowie die Seepromenade mit arkadengeschmückten farbigen Bürgerhäusern und einladenden Cafés.

## Praktische Hinweise

**Informationen:** IAT, Via Piero Chiara 1, Luino, Tel./Fax 03 32 53 00 19. – Distretto turistico dei Laghi, Via Principe Tomaso 70/72, Stresa, Tel. 0 32 33 04 16, Fax 03 23 93 43 35, Internet: www.distrettolaghi.it

### Einkaufen

**Sergio Tacchini Sandys**, Via Marconi 40, Gravellona Toce (bei Verbania). Direktverkauf mit großer Auswahl an Sportkleidung und -schuhen

**Alessi**, Via privata Alessi, Omegna-Crusinallo (bei Verbania). Töpfe, Kaffeemaschinen, Schüsseln etc. in modernem Design zu regulären Preisen oder reduziert, weil 2. Wahl.

### Hotels

********Regina Palace****, Corso Umberto I 33, Stresa, Tel. 03 23 93 69 36, Fax 03 23 93 66 66, Internet: www.regina-palace.it. Belle-Époque-Hotel an der Promenade von Stresa mit Blick auf die Borromäischen Inseln.

*****Verbano**, Via U. Ara 2, Isola di Pescatori, Tel. 0 32 33 04 08, Fax 0 32 33 31 29, Internet: www.hotelverbano.it. Romantisches Haus auf der ›Fischerinsel‹ gegenüber der Isola Madre.

*****Pironi**, Via Marconi 35, Cannobio, Tel. 0 32 37 06 24, Fax 0 32 37 21 84, Internet: www.pironihotel.it. Stimmungsvolles Hotel in einem Palazzo aus dem 15. Jh. (Mitte Nov.–Febr. geschl.).

**Ostello per la Gioventù Verbania**, Via alle Rose 7, Verbania, Tel. 03 23 50 16 48, Fax 03 23 50 78 77. Moderne Jugendherberge in einer alten Villa im Ortsteil Pallanza.

### Restaurants

**Boccon di Vino**, Via Troubetzkoy Paolo 86, Verbania, Tel. 03 23 50 40 39. Klassische Osteria mit einfachen Gerichten und guten Weinen direkt an der Schiffsanlegestelle (So geschl.).

**Campagna**, Via Vergante 12, Campagna (am Nordwestrand von Arona), Tel. 0 32 25 72 94. Herzhafte Küche und gute Weinauswahl (Di geschl.).

*Mit seinen Fassadenmalereien und Arkadengängen bietet das mittelalterliche Orta San Giulio auf der gleichnamigen Insel inmitten des Lago d’Orta einen malerischen Anblick*

## 16 Lago d’Orta

*Blaue Perle in grüner Fassung.*

Der von waldreichen Hügeln gerahmte Lago d’Orta ist mit 18,5 km² zwar einer der kleinsten, aber auch einer der reizvollsten der Oberitalienischen Seen. Am Ostufer liegt auf einer Landzunge die liebliche Siedlung **Orta San Giulio**. Alle Treppenwege und Gässchen führen zur zentralen *Piazza Motta*, die von alten Palazzi mit Arkadengängen gesäumt wird und sich zum See mit Blick auf die kleine **Isola di San Giulio** öffnet. Am nahen Steg kann man Boote für die Fahrt zur Insel mieten, die von dem imposanten *Bischofspalast*, heute Priesterseminar, und der *Basilica di San Giulio* beherrscht wird. Der Legende zufolge wurde die Kirche im 4. Jh. vom hl. Julius gegründet, der das Eiland von Schlangen und Feuer speienden Drachen befreit hatte. Die dreischiffige romanische Emporenbasilika geht aufs 12. Jh. zurück, im weitgehend barockisierten *Inneren* bewahrt sie mit der reich skulptierten schwarzen Marmorkanzel ein Meisterwerk romanischer Bildhauerei.

TOP TIPP

Wieder zurück auf dem Festland führt ein schöner Spaziergang (ca. 30 Min.) durch Schatten spendende Pinien- und Buchenwälder auf den **Sacro Monte di Orta**. Auf dem Gipfel steht ein dem hl. Franziskus von Assisi geweihtes Kloster (16.–18. Jh.). Am Pilgerweg nach oben illustrieren 20 mit überlebensgroßen Terrakottafiguren und Fresken ausgeschmückte *Kapellen* in volksnahem Realismus das Leben des Heiligen.

### Praktische Hinweise

**Informationen:** ATL, Via Panoramica, Orta San Giulio, Tel. 03 22 90 51 63, Fax 03 22 90 52 73, Internet: www.distrettolaghi.it

#### Hotels

****__San Rocco__, Via Gippini 11, Orta San Giulio, Tel. 03 22 91 19 77, Fax 03 22 91 19 64, Internet: www.hotelsanrocco.it. Elegantes Hotel in einem umgebauten Kloster mit Pool im Garten.

***__Orta__, Piazza Motta 1, Orta San Giulio, Tel. 0 32 29 02 53, Fax 03 22 90 56 46, Internet: www.orta.net/hotelorta. Zentral gelegenes, traditionsreiches Hotel direkt am See. Einige Zimmer mit Terrasse bzw. Balkon (Nov.–Febr. geschl.).

#### Restaurant

**Sacro Monte**, Sacro Monte di Orta (bei der 1. Kapelle), Tel. 0 32 29 02 20. Rustikales Lokal mit piemontesischen Spezialitäten wie *Bagna caôda*, eine heiße Brühe mit Gemüse (Di geschl.).

# Die Poebene – Land der Reisfelder zwischen Ticino und Sesia

Zwischen den Flüssen Ticino und Sesia, die beide von Norden kommend die fruchtbare Poebene zusätzlich bewässern, bzw. zwischen den Städten Pavia und Vercelli erstreckt sich eine der eigentümlichsten Landschaften Italiens. Scheinbar endlose Reihen von Pappeln und Maulbeerbäumen säumen weite Wasserflächen im größten **Reisanbaugebiet** Europas. Das beliebte Universitätsstädtchen **Pavia** mit seinem attraktiven *Centro Storico* war im frühen Mittelalter Konkurrentin Mailands. Eine der eindrucksvollsten Klosteranlagen des Landes ist die nördlich der Stadt gelegene **Certosa di Pavia** mit ihrem reichen Bestand an Kunstwerken. Westlich des Ticino-Tals bezaubert das Städtchen **Vigevano** mit einem der schönsten Renaissanceplätze Italiens und einer schier unerschöpflichen Auswahl an – *Schuhen*, denn es ist das Zentrum der italienischen Schuhindustrie. Die Städte **Novara** und **Vercelli** verfügen ebenfalls über sehenswerte historische Bausubstanz und allerlei Meisterwerke, doch das ist nicht der Grund, warum viele asiatische Geschäftsleute hierher kommen. Sie haben vielmehr nur eins im Sinn: Reis kaufen.

## 17 Pavia

*Universitätsstadt mit mittelalterlichem Flair.*

Knapp 40 km südlich von Mailand liegt am Ufer des Ticino das lebhafte Pavia mit seiner schönen Altstadt. Die verkehrsgünstige Lage veranlasste die Römer im 1. Jh. v. Chr. hier die Militärstation *Ticinum* zu gründen, die bald zu einem der bedeutendsten Handelsplätze Oberitaliens avancierte. Unter dem Ostgotenkönig Theoderich wurde sie im 5./6. Jh. Regierungssitz und war im 6.–8. Jh. **Hauptstadt** der Langobarden. Die Frankenkönige erhoben sie zur Kapitale des *Regnum Italicum* und zum Krönungsort deutscher Herrscher. Durch das Bündnis mit Kaiser Friedrich I. Barbarossa gegen die Lombardische Liga konnte die seit 1084 freie *Stadtrepublik* ihr Einflussgebiet auf die Lomellina und den Oltrepò Pavese ausdehnen. Durch den **Naviglio Pavese**, der noch heute östlich und nördlich der Stadt verläuft, war Pavia mit Mailand und dem Po verbunden. Das 12./13. Jh. prägte eine rege *Bautätigkeit*: 82 Kirchen, 133 Klöster und über 100 Geschlechtertürme entstanden. Auch nach der Eroberung durch die Mailänder *Visconti* 1359 wurde die Stadt weiter ausgebaut und stieg mit Gründung der **Universität** (1361) vollends zu einem kulturellen Zentrum auf. Die **Schlacht von Pavia** (1525), in der das Heer des habsburgischen Kaisers Karl V. die französischen Truppen im Schlosspark schlug, markierte den Beginn der Fremdherrschaft durch die *spanischen Habsburger*. In der Folge wurde die Stadt zum militärischen Stützpunkt degradiert, dies änderte sich auch unter den *Österreichern* im 18. Jh. nicht. Nach der Einigung Italiens 1861 entwickelte sich die **Provinzhauptstadt** zu einem Zentrum der Landwirtschaft (Reis- und Weinanbau, Milchwirtschaft), aber auch die Industrie gewann mit der Produktion künstlicher Seide rasch an Bedeutung. Heute ist Pavia (74 000 Einw.) vor allem wegen der Pelzindustrie und wegen seiner renommierten Universität bekannt.

◁ **Oben:** *Die Certosa di Pavia war als Grablege für einen Visconti geplant*

**Unten:** *Die prachtvolle Piazza Ducale von Vigevano entstand nach Plänen da Vincis*

*Rinaldo de Stauris schuf Ende des 15. Jh. die von Ornamenten umrankten Heiligenfiguren aus Terrakotta, die im Kleinen Kreuzgang die Arkaden schmücken*

## TOP TIPP 18 Certosa di Pavia

*Die Dekorationsfreude der lombardischen Renaissance.*

Nicht weit vom Naviglio Pavese erhebt sich in der flachen Landschaft eine grandiose Klosteranlage des Kartäuserordens. Die Certosa di Pavia (Di–So 9–11.30 und 14–17.30, im Winter bis 16.30 Uhr, Fei geschl., Internet: www.certosapavia.it) gilt als eines der schönsten norditalienischen Kulturdenkmäler zwischen Spätgotik und Renaissance. Von *Gian Galeazzo Visconti* wurde sie 1396 als Familiengrablege gestiftet. Obwohl die Klosterkirche **Madonna delle Grazie** bereits 1462 vollendet war, zog sich ihre Ausschmückung bis weit ins 16. Jh. hin. An der prachtvollen **Marmorfassade** fügen sich Inkrustationen in verschiedenfarbigem Marmor, Nischen mit Statuen, Pflanzenornamente und fantasievolle Verzierungen harmonisch ineinander. Die Sockelzone schmückten *Giovanni Antonio Amadeo* und die Brüder Mantegazza mit Porträtmedaillons von Kaisern und Persönlichkeiten der römischen Antike und des Orients, darüber erscheinen Reliefs mit biblischen Szenen, Aposteln und Propheten.

Im Kontrast zu solcher Dekorationsfülle steht der lichte **Innenraum**, ein spätgotischer dreischiffiger kreuzgewölbter Backsteinbau mit Querschiff und Vierungsturm. Bemerkenswert sind die illusionistischen *Fresken* (Ende des 15. Jh.) des Renaissancemalers *Ambrogio Bergognone* wie die ›Madonna auf dem Teppich‹ über dem Eingang zum Kleinen Kreuzgang im nördlichen Querschiff oder das Lünettenbild ›Ecce Homo‹ im südlichen Querschiff. Von ihm stammen auch die Fresken in den *Apsiden* der Querschiffe, mit denen sich die Herrscherfamilie in Erinnerung ruft: links ›Francesco Sforza und Ludovico il Moro wohnen der Marienkrönung bei‹, rechts ›Gian Galeazzo mit Söhnen überreicht der Jungfrau das Kirchenmodell‹.

Besuchermagnet ist das anrührende *Doppelgrabmal* (1497) im nördlichen Querschiff mit den zwei lebensgroßen Liegefiguren von *Ludovico il Moro* und seiner mit 22 Jahren verstorbenen Frau *Beatrice d'Este* von Cristoforo Solari. Im südlichen Querschiff befindet sich das Grabmonument (15./16. Jh.) des Bauherrn *Gian Galeazzo Visconti*. Zur Kirchenausstattung gehören ferner ein ›Gottvater‹ (1499) von Perugino (2. Kapelle links) und das intarsiengeschmückte Chorgestühl (1498).

Von den Arkaden des **Kleinen Kreuzgangs** mit seiner überbordenden, detailreichen Dekoration genießt man einen schönen Blick auf die Kirche. Rund um den ebenfalls reliefverzierten **Großen Kreuzgang** liegen die 23 Mönchszellen, jede mit eigenem Eingang, Schlaf- und Arbeitsraum sowie einem kleinen Nutzgarten.

### Praktische Hinweise

**Restaurant**

**Locanda Vecchia Pavia al Mulino**, Via del Monumento 5, Tel. 03 82 92 58 94. Lombardische Gaumenfreuden in einer alten Mühle gegenüber der Certosa (Mo und Mi Mittag geschl.).

## TOP TIPP 19 Vigevano

*Städtchen mit schönem Renaissanceplatz und Schuhfimmel.*

Die Fahrt geht von Pavia 36 km nordwestlich durch den **Parco Naturale della Valle del Ticino**, der sich entlang des inselreichen Flusses Ticino bis hinauf zum Lago d'Orta [Nr. 16] erstreckt. Der 1974 eingerichtete 90 000 ha große Naturpark ist Heimat vieler Vogel- und Pflanzenarten und kann auf den Teilstrecken des *Europawanderwegs E 1/E 2* erkundet werden, der das Tal durchläuft.

Ein Kleinod am Rande dieser Naturlandschaft ist das Städtchen Vigevano (59 000 Einw.), wenn man von seinen ausufernden Vororten einmal absieht. Die Siedlung wurde an einer strategisch wichtigen Furt über den *Ticino* errichtet und war daher im Mittelalter Zankapfel zwischen Pavia und Mailand. Anfang des 13. Jh. schlug sich Vigevano auf die Seite der mailändischen *Visconti*. In dem von ihnen errichteten Castello Sforzesco wurde 1452 *Ludovico il Moro* geboren, der später der Altstadt ihr prächtiges Gepräge verleihen sollte.

Gewissermaßen ›Salon‹ der Stadt ist die harmonische **Piazza Ducale** (1492–94) von Ambrogio de Curtis nach Entwürfen von Donato Bramante oder Leonardo da Vinci angelegt. Anfänglich war der kieselgepflasterte Platz von Arkaden umschlossen und an seiner Südseite über eine gewaltige Freitreppe mit dem Castello verbunden, als sei er dessen Vorhof. Bischof Juan Caramuel de Lobkowitz ließ die Piazza ab 1680 im Sinne der Gegenreformation umgestalten: Die Durchgänge zur Festung wurden geschlossen und dem **Duomo S. Ambrogio** (tgl. 8–12 und 16–18 Uhr) an der Ostseite des Platzes eine prachtvoll geschwungene *Barockfassade* vorgeblendet. Nun bildete die Piazza den Vorhof der Kirche. Das *Innere* des dreischiffigen Doms (1531–1606) schmücken Gemälde lombardischer Künstler. Sehenswert ist ferner die *Pace*, ein reich geschmückter Goldschmiede-Altar eines Benvenuto-Cellini-Schülers im *Museo del Tesoro del Duomo* (So/Fei 15–18 Uhr und nach Voranmeldung, Tel. 03 81 69 03 70) am Ende des rechten Kirchenschiffs.

Die Ende des 15. Jh. von Donato Bramante umgestaltete zinnenbekrönte **Torre del Bramante** (April–Sept. Di–So 10–18.30, sonst nur Sa/So 10–18 Uhr) macht auf das mächtige **Castello Sforzesco** (Di–So 10–18.30 Uhr) hinter der Piazza aufmerksam. Es wurde unter Luchino Visconti 1345 als Wehrfestung errichtet und unter Ludovico il Moro zu einer prunkvollen Jagdresidenz ausgebaut. Den Schlosshof umschließen auf drei Seiten gewaltige Pferdeställe *(Scuderie)* für bis zu 1000 Tiere und auf der Südostseite der Falkenhof *(Falconiera)* mit dem *Palazzo Ducale*, dem Wohnpalast des Herzogs. In der angrenzenden *Loggia delle Dame* befanden sich die Gemächer der jagdbegeisterten Beatrice d'Este. Ein 164 m langer und 7 m breiter überdachter Wehr- und Fluchtgang verbindet den Palazzo Ducale mit der *Rocca Vecchia* (14. Jh.), einer älteren Burganlage im Osten der Stadt.

Modebewusste zieht es ins einzigartige **Museo della Calzatura** (Corso Cavour 82/Via Cesarea, So/Fei 10.30–12.30 und 15–18 Uhr) in der nördlichen Altstadt. Schuhe, Schuhe und nochmals Schuhe prägen seit Ende des 19. Jh. das Wirtschaftsleben Vigevanos und noch heute entstehen in den rund 1000 Schuhfabriken in der Region 40 % aller italienischen Schuhe. Das Museum widmet sich aber nicht nur italienischen Modellen: Die Exponate reichen von afrikanischen Sandalen über holländische Holzschuhe bis zu Inuit-Stiefeln und japanischen Guetas.

### Praktische Hinweise

**Information:** IAT, c/o Municipio, Corso Vittorio Emanuele II. 29,

*Dominant überragt der Turm des Castello Sforzesco die lang gestreckte Piazza Ducale in Vigevano, doch seit 1680 besteht von hier kein direkter Zugang mehr zur Festung*

Tel. 03 81 29 92 82, Fax 0 38 17 11 01, E-Mail: hwsci@tin.it

**Hotel**

****__Europa Vigevano__, Via Trivulzio 8, Tel. 03 81 90 85, Fax 0 38 18 70 54, Internet: www.heuropa.it. Modernes, funktionales Hotel mit großen Zimmern nahe der Altstadt.

**Restaurant**

**I Castagni**, Via Ottobiano 8, Tel. 0 38 14 28 60. Elegantes Lokal mit innovativer Küche am Stadtrand (So Abend und Mo geschl.).

## 20 Novara

*Gorgonzola-Hochburg mit schöner Altstadt.*

Novara (102 000 Einw.), die zweitgrößte Stadt des Piemont, kann ihren modernen Charakter nicht verleugnen. Eindeutig prägen Industrie (Metallverarbeitung, Papier, Textilien) und Landwirtschaft (Reis, Weizen, Mais) sowie bedeutende Verkehrswege den Ort und seine Umgebung, die Ebene zwischen den Flüssen Sesia und Ticino. Umso mehr überrascht die schöne *Altstadt* mit den breiten Alleen und reizvollen Palazzi aus Barock und Klassizismus.

Novara, dessen Ursprünge bis in die Römerzeit zurückreichen, wurde Anfang des 12. Jh. freie *Stadtrepublik*. Aus dieser Zeit stammt der aus verschiedenen Regierungsgebäuden bestehende **Broletto** an der Piazza della Repubblica. Als Ratssaal der Stadtrepublik diente bis Anfang des 14. Jh. der *Palazzo del Comune* (1208–10) mit einer offenen Rundbogenhalle im Erdgeschoss und einem von vier Triforienfenstern gegliederten Obergeschoss. An seiner rechten Seite erhebt sich der *Palazzo dei Paratici* (13.–15. Jh.), in dem die Handwerksgilden tagten und dessen Fassade im 18. Jh. mit einer eleganten Loggia aufgelockert wurde. Heute beherbergt er das *Museo Civico* (Di–So 9–12 und 15–18 Uhr, im Sommer Di–So 10–13 und 16–19 Uhr) sowie die *Galleria d'Arte Moderna* (zzt. geschl.). Terrakottagerahmte Spitzbogenfenster und Fresken zieren den *Palazzo del Podestà* (14./15. Jh.). Er war ab 1311 Amtssitz der Mailänder Statthalter.

Ganz in klassizistischem Gewand zeigt sich der säulengeschmückte **Duomo S. Maria Assunta** (tgl. 7.30–12 und

15 – 18.30 Uhr), der nach einem Entwurf von *Alessandro Antonelli* 1863–69 errichtet wurde. An den romanischen Vorgängerbau erinnern noch der wuchtige Campanile, der Kreuzgang und das an die Sakristei angeschlossene *Oratorio San Siro* mit schönen romanischen Fresken zum Leben des hl. Siro, Bischof von Pavia. Sehenswert sind im *Chor* des Doms die gut erhaltenen schwarzweißen *Fußbodenmosaiken* (13. Jh.) mit den Evangelistensymbolen und der Darstellung des Sündenfalls sowie im *rechten Seitenschiff* das Tafelbild ›Mystische Vermählung der hl. Katharina‹ (um 1530) von *Gaudenzio Ferrari*.

Gegenüber vom Dom erhebt sich das achteckige **Battistero** aus dem 5. Jh (im 10. Jh. erneuert). Es birgt einen der bedeutendsten vorromanischen Bilderzyklen im Piemont mit Szenen aus der Apokalypse.

Den Stempel des Dombaumeisters Antonelli trägt auch die dem Stadtpatron geweihte Kirche **San Gaudenzio** (tgl. 8.30–12 und 15–18.30 Uhr). Die einschiffige Basilika wurde bereits 1577–1659 nach den Plänen *Pellegrino Tibaldis* erbaut und von Benedetto Alfieri mit einem barocken *Campanile* (1763–96) versehen. Antonelli setzte ihr dann 1844–88 eine 122 m hohe *Vierungskuppel* auf, eine Folge übereinander gestellter Säulenzylinder, heute Wahrzeichen der Stadt.

*Der markante Vierungsturm von San Gaudenzio gilt als Wahrzeichen von Novara*

Gastronomisches Wahrzeichen von Novara ist der grünschimmlige **Gorgonzola**, eine gute Einkaufsadresse für den Weichkäse ist das Geschäft *Moroni* (Via Degli Avogadro 1b, zwischen Duomo und San Gaudenzio), das auch ausgezeichnete Wurstwaren anbietet.

## Praktische Hinweise

**Information:** ATL, Baluardo Quintino Sella 40, Tel. 03 21 39 40 59, Fax 03 21 63 10 63, Internet: www.turismonovara.it

### Hotel

*****La Rotonda**, Rotonda Massimo d'Azeglio 4/6, Tel. 03 21 39 92 46, Fax 03 21 62 36 95. Moderner komfortabler Rundbau in zentraler Lage.

### Restaurants

**I Due Ladroni**, Corso Cavalotti 15, Tel. 03 21 62 45 81. Bodenständige Küche wie die typische *Panissa* (Reiseintopf), *Risotto al Gorgonzola* oder, nur im Winter, Eselsbraten, *Stufato d'asino* (Sa Mittag und So geschl.).

**Tantris**, Via Pier Lombardo 5, Lumellogno (5 km südwestlich von Novara), Tel. 03 21 46 91 53. Fantasievolle Schlemmergerichte und beste Käseauswahl mitten im Reisanbaugebiet (So Abend und Mo geschl.).

## 21 Vercelli

*Hauptstadt des Reisanbaus.*

Scheinbar endlose Reisfelder prägen das flache Land zwischen Novara und dem 23 km entfernten Vercelli (48 000 Einw.). Das Städtchen am rechten Ufer des Sesia ist der Hauptort der **Lomellina** und Zentrum des Reishandels.

Die Siedlung wurde von keltischen Galliern 900 v. Chr. gegründet und war in römischer Zeit ein wichtiger *Stützpunkt* auf dem Weg zu den Westalpenpässen. Im 4. Jh. gründete der hl. Eusebius hier das erste Bistum des Piemont. Seine Blütezeit erlebte Vercelli aber im 13. Jh. als freie *Stadtrepublik* des Lombardischen Städtebundes. Damals wurde die erste piemontesische *Universität* eingerichtet.

# Turin und Valle di Susa – imposante Königsschlösser und winterliche Sportparadiese

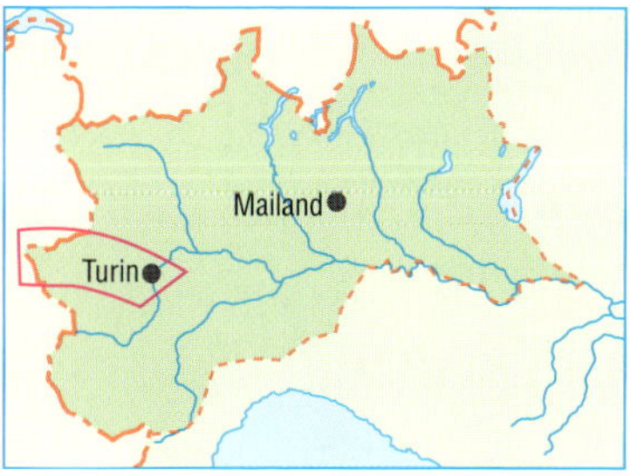


Noch immer wird **Turin**, die Hauptstadt des Piemont, schlicht als geschäftige Industriestadt und Wiege der Automobilindustrie etikettiert. Zu Unrecht. Allein die Lage ist bewundernswert: Im Norden und Westen ragen die weißgepuderten Gipfel der Alpen auf, östlich liegen die grünen Hügeln der **Collina Torinese** und im Süden öffnet sich die Poebene. Die schöne barocke *Altstadt* zeugt von der Glanzzeit, als Turin Hauptstadt des Königreichs Savoyen war und hier mit Residenzen wie dem Palazzo Reale, Kirchen wie San Lorenzo und der *Mole Antonelliana* – dem Wahrzeichen der Stadt – neue Maßstäbe in der Architektur gesetzt wurden. Den Charme Turins unterstreichen schier endlose (18 km lange) Arkadengänge und historische *Kaffeehäuser* mit verlockenden Turiner Spezialitäten wie Bicerin oder Gianduiotti.

Zu Ausflügen in die Hügel locken die Jagd- und Lustschlösser der Savoyer wie die bühnenhafte, reich geschmückte **Palazzina di Stupinigi** und das **Castello di Rivoli**, das heute ein interessantes Museum für zeitgenössische Kunst beherbergt. Als Verbindungsstraße in die Alpen diente seit jeher das breite **Valle di Susa** westlich von Turin. Im Mittelalter entstanden im Tal längs der Handels- und Pilgerstraße eindrucksvolle Kirchen wie die gotische **S. Antonio di Ranverso** und die zyklopische **Sacra S. Michele**. Am Ende des Tales liegen die großartigen Wintersportgebiete der **Via Lattea**, der ›Milchstraße‹, im Jahr 2006 Schauplatz der XX. Olympischen Winterspiele.

## 22 Turin

*Plan Seite 88*

*Automobilmetropole mit einer der schönsten barocken Altstädte Europas.*

Zentrum von Turin ist die Piazza Castello und hier sind auch die bedeutendsten Sehenswürdigkeiten der Stadt versammelt. Zu ausgedehnten Spaziergängen lädt der Parco del Valentino mit Schlossanlage ein. Schöne Stadt- und Landschaftsbilder genießt man z. B. vom Monte dei Cappuccini am rechten Po-Ufer. Wer sich für Autos und Industriearchitektur interessiert, sollte zu den alten FIAT-Werken im Süden fahren, wo sich das größte Automobilmuseum Italiens befindet.

***Geschichte*** Am Zusammenfluss von Po und Dora Riparia gründeten die keltisch-ligurischen Tauriner ihre Hauptstadt *Taurasia*. Unter Kaiser Augustus wurde die Siedlung 28 v. Chr. zum römischen Militärstützpunkt *Augusta Taurinorum* erhoben. Später war Turin langobardisches Herzogtum, dann Sitz eines unabhängigen Markgrafen und geriet Ende des 11. Jh. in den Bannkreis der **Savoyer**.

Das heutige Stadtbild ist geprägt von der Zeit ab 1563, als die Savoyer Herzöge ihre **Hauptstadt** vom französischen Chambéry in das unbedeutende Turin verlegten. Unter *Carlo Emanuele I.* (1580–1630) wurde der Ausbau der Stadt zur glanzvollen Residenz in großem Stil vorangetrieben. Von Anfang des 17. Jh. bis Mitte des 18. Jh. schufen die Hofarchitekten *Ascanio Vittozzi, Carlo* und *Amedeo di Castellamonte* sowie ihre begnadeten Nachfolger *Guarino Guarini* und *Filippo Juvarra* hier eines der schöns-

*Turin vom Monte dei Cappuccini aus gesehen: Abends erstrahlt die illuminierte Mole Antonelliana in all ihrer außergewöhnlichen Pracht*

## Die Geschichte eines heiligen Tuches

*Im Heiligen Jahr 2000 strömten über 1,5 Mio. Pilger nach Turin, um das Original des Grabtuches zu sehen, das angeblich den* **Körperabdruck** *des gekreuzigten Christus mit Dornenkrone trägt und sonst nur als Kopie ausgestellt ist [s. S. 88]. Das 4,36 x 1,10 m große Leintuch, die* **Sacra Sindone**, *mit der Christus nach der Kreuzabnahme bedeckt worden sein soll, gehört zu den bedeutendsten, aber auch umstrittensten Reliquien der Katholischen Kirche. Es tauchte erstmals 1353 im französischen Lirey bei Troyes auf und gelangte auf verschlungenen Wegen 1453 in den Besitz der* **Savoyer**. *Die Familie nutzte das als Reliquie verehrte Turiner Grabtuch zur Legitimierung ihrer auf Gottes Gnaden zurückgeführten Herrschaft und ihres Machtanspruchs. In seinem Testament hinterließ der ehem. italienische König Umberto II. (1904–1983) die Sacra Sindone 1983 dem* **Vatikan**, *der das Grabtuch aber in Turin beließ.*

*Schon seit dem Ende des 19. Jh. streiten sich Wissenschaftler um die* **Echtheit** *des Grabtuches Christi. Jene, die es für ein Original halten, weisen auf Pollenspuren im Tuch hin, die nur von Pflanzen stammen könnten, die in Gegenden mit hohem Salzgehalt wie am Toten Meer gedeihen, oder auf die Abdrücke römischer Münzen aus der Zeit Christi.*

*Schwerwiegender waren jedoch die Ergebnisse einer* **Untersuchung** *von* **1988** *durch drei unabhängige Forschungslabors und diese sprechen dem Tuch die Echtheit ab, indem sie seine Entstehung zweifelsfrei auf die Zeit zwischen 1200 und 1350 datieren. Nach Meinung der Wissenschaftler könnte der Turiner Abdruck, der deutliche Wärmeeinwirkungen zeigt, dadurch entstanden sein, dass man einen erhitzten Bronzeabguss von einer Skulptur in das Tuch legte. Sogar die Katholische Kirche gibt sich aufgrund dieser Untersuchungsergebnisse inzwischen vorsichtig und spricht nun nicht mehr von einer Reliquie, sondern von einer ›Ikone des Glaubens‹.*

ten Architekturensembles Europas. Auf der Grundlage des von den Römern angelegten rechtwinkligen Straßennetzes errichteten sie eine komplette **Barockstadt** mit der Piazza Castello als Mittelpunkt.

Nach dem Spanischen Erbfolgekrieg (1701–13) erhielten die als Verbündete Österreichs siegreichen Savoyer neben Gebietsgewinnen auch den Königstitel – Turin war nun Hauptstadt des **Königreichs Piemont-Sardinien**. Während der *französischen Besatzungszeit* (1799–1814) machte die Stadt Bekanntschaft mit der Aufklärung und erlebte eine geistige und kulturelle Blüte. Doch nachdem die Savoyer 1814 aus ihrem Exil in Sardinien zurückgekehrt waren, machten sie Turin und das Piemont durch umfassende *Restauration* zu einem der reaktionärsten Staaten Europas. Nach wiederholten schweren Unruhen in seinem Reich sah sich *König Carlo Alberto* 1848 gezwungen eine **Verfassung** zu verkünden, die später zur Grundlage für die Konstitution des geeinten Italien werden sollte. Im *Unabhängigkeitskrieg* Mailands gegen Österreich (1848/49) übernahmen die Savoyer nolens volens eine Führungsrolle. Carlo Albertos Sohn und Nachfolger **Vittorio Emanuele II.** (1820–1878) avancierte unter dem Einfluss seines Ministerpräsidenten *Graf Camillo Benso di Cavour* zur Integrationsfigur des **Risorgimento**, wie sich die italienische Einigungsbewegung nannte. Nachdem die piemontesischen Truppen mithilfe der Franzosen die Österreicher aus der Lombardei vertrieben hatten und der Freischärler *Giuseppe Garibaldi* mit seinem ›Zug der Tausend‹ Süditalien befreit hatte, wurde Vittorio Emanuele II. auf der Grundlage einer Volksabstimmung in den befreiten Regionen am **17. März 1861** zum ersten konstitutionellen Monarchen Italiens ernannt. Bis 1865 war Turin die **Hauptstadt** des Königreiches Italien.

Eine neue Ära begann für die Stadt mit Gründung der *Automobilwerke* von FIAT (1899) und Lancia (1906). Das ›italienische Detroit‹ wurde zum Motor der industriellen Entwicklung des Landes. Auch andere Unternehmen wie der Kafferöster Lavazza (1895) oder die Wermutbetriebe Cinzano (1757) und Martini & Rossi (1863) siedelten sich hier an. Bis zum Ende der 1930er-Jahre war die Stadt auch Metropole der italienischen *Filmindustrie*. Hier wurde u. a. ›Cabiria‹

(1914) gedreht, ein Meisterwerk des italienischen Stummfilms von Regisseur Giovanni Pastrone.

*Fußballfans* sehen die Stadt heute immer noch schwarz-weiß, die Farben von Juventus Turin, kurz ›Juve‹ genannt, einem der berühmtesten europäischen Fußballvereine. Seit einigen Jahren bemüht sich **Torino** (900 000 Einw.) mit hochrangigen Restaurierungen (z. B. Palazzo Madama) und kulturellen Initiativen wie der Winterveranstaltung *›Luci d'artista‹*, bei der berühmte Künstler Turin mit magischen Lichtinstallationen schmücken, sein Image aufzupolieren. Den großen internationalen Auftritt wird Turin 2006 haben, wenn hier die Eröffnungsveranstaltung der XX. Olympischen Winterspiele stattfindet.

## Der Hof der Savoyer

Die überschaubare Altstadt erkundet man am besten zu Fuß. Ausgangspunkt aller wichtigen Straßen ist die von Arkaden gesäumte **Piazza Castello**, die Ascanio Vittozzi konzipierte. In ihrer Mitte thront der imposante, erst kürzlich restaurierte **Palazzo Madama** 1. Seinen Namen verdankt er den beiden königlichen Damen und zeitweiligen Regentinnen *Maria Christine von Frankreich*, Witwe von Vittorio Amedeo I. (ab 1637), und *Giovanna Battista di Savoia-Nemours*, Witwe von Carlo Emanuele II. (ab 1675), die den Palazzo bewohnten und jeweils prächtig umgestalten ließen. Seine Ursprünge gehen auf ein Kastell zurück, das im 13. Jh. um die Türme eines römischen Stadttores errichtet wurde. Die vorgeblendete monumentale *Säulenfassade* (1718–21) stammt vom Architekten *Filippo Juvarra*, der im Inneren auch das bühnenhafte, von gigantischen Fenstern beleuchtete *Treppenhaus* mit riesigem Tonnengewölbe entwarf. Der Palazzo beherbergt heute das **Museo Civico d'Arte Antica** (bis 2004 wegen Restaurierung geschl.) mit einer Sammlung gotischer und romanischer *Skulpturen* sowie einer *Keramik-* und *Porzellankollektion*, die zu den umfangreichsten Italiens gehört. Juwel des Museums ist jedoch das ›Bildnis eines jungen Mannes‹ (1476) des Sizilianers *Antonello da Messina*.

Die eigentliche Residenz der Savoyer, der **Palazzo Reale** 2 (Di–So 8.30–18.30 Uhr), entstand Ende des 17. Jh. nach Entwürfen von Amedeo di Castellamonte an der Nordseite des Platzes. Die äußerlich strenge Vierflügelanlage über-

*Eine kunstvoll gestaltete Barockfassade kennzeichnet den Palazzo Madama*

rascht im *Inneren* mit ungehemmter Prachtentfaltung. Schon die glanzvolle *Scala delle Forbici* (Scherentreppe) von Filippo Juvarra führt den absolutistischen Gestaltungswillen der Herrscher klar vor Augen. Die *Repräsentationsräume* schwelgen in Gold und Intarsien, Stuckaturen und Malereien. Besonders bemerkenswert sind im Ostflügel der riesige *Speisesaal* mit den die Savoyer verherrlichenden Deckenfresken (1690) von Daniel Seyter und das vergoldete *Alkovenzimmer* mit einer Sammlung chinesischen und japanischen Porzellans von Carlo Alberto.

Eine grüne Oase im Herzen der Stadt bilden die *Giardini Reali*, die Königlichen Gärten, die man über den Palasthof erreicht. Im Ostflügel des Ehrenhofes beherbergt die Königliche Rüstkammer, **Armeria Reale** (Di–So 8.30–19.30 Uhr), eine der größten Waffen- und Rüstungssammlungen Europas. Bis 2004 ist von den drei Ausstellungsräumen wegen Restaurierung lediglich die *Sala della Rotonda* zugänglich.

Durch ihre turmartige Kuppel macht die barocke Theatinerkirche **San Lorenzo** 3 an der gegenüberliegenden Seite der Piazza Castello auf sich aufmerksam.

steller dokumentiert es die Geschichte des Automobils vom ersten dampfbetriebenen Bernardi (1896) bis zum Solarauto von 1990. Stars der Ausstellung sind die Rennwagen FIAT 1901 und Itala 1907, genau des Wagens, der damals die Rallye Peking – Paris gewann (16 000 km in 44 Tagen).

Einen Meilenstein der *Industriearchitektur* ließ der FIAT-Gründer Giovanni Agnelli 1914–22 einige Querstraßen weiter westlich errichten. Den **Lingotto** 24 (Via Nizza 280, Bus 1 oder 35 ab Stazione Centrale di Porta Nuova), die fünfstöckige Autofertigungshalle mit den spiralförmigen Versuchsrampen, krönen

*Tradition verpflichtet, jedenfalls in den Kaffeehäusern und Confiserien von Turin*

## Kaffee und Kultur, Kakao und Nutella

*In kaum einer anderen italienischen Stadt ist die* **Kaffeehauskultur** *noch so lebendig wie in Turin. In gediegenen Räumen, mal im Zuckerbäckerstil, ausstaffiert mit Spiegelwänden, Kristalllüstern und überschwänglichen Stuckverzierungen, mal in den weichen Linien des verspielten italienischen Jugendstil, wird an kleinen Marmortischen zu Espresso oder Latte macchiato frisches Teegebäck gereicht. Und wenn im Winter die neblige Kälte den Turinern mal wieder durch Mark und Bein geht, dann stärken sie sich mit dem* **Bicerin**, *einer wunderbaren Mischung aus Schokolade, Kaffee und Milch. Im 18. Jh. war dies das flüssige Frühstück der Aristokraten. Als Herzog Emanuele Filiberto den Hof nach Turin verlegte, brachte er aus Chambéry nämlich nicht nur die Sacra Sindone mit, sondern auch den* **Kakao**. *Bereits Ende des 17. Jh. wurden von hier täglich 350 kg Kakao exportiert, dessen Rohstoff aus Mittelamerika kam. Dass Turin noch heute eine* **Schokoladen-Hochburg** *ist, beweisen die üppigen Auslagen der Confiserien. Die berühmteste Spezialität sind* **Gianduiotti**, *Nougatpralinen, deren Form dem Hut der Turiner Karnevalsfigur Gianduja nachgebildet sind. Ihren Ursprung verdanken sie einer Notlage. Als während der napoleonischen Kriege die Kakaovorräte zur Neige gingen, streckten die Zuckerbäcker den Kakao mit gemahlenen Haselnüssen aus Alba. In den 1950er-Jahren profanisierte der Piemonteser Pietro Ferrero die Gianduja-Creme zur heute weltberühmten* **Nutella**.

*Zu den schönsten Kaffeehäusern und besten Confiserien von Turin zählen:*

**Al Bicerin**, *Piazza della Consolata 5. Confiserie und Lieblingscafé des ersten Ministerpräsidenten des geeinten Italien, Graf Cavour (Mi geschl.).*

**Baratti & Milano**, *Piazza Castello 29. Elegantes Jugendstilambiente halb unter den Arkaden, halb in der schönen Galleria Subalpina mit reichhaltiger Pralinenauswahl (Mo geschl.).*

**Fiorio**, *Via Po 8. In dem 1780 eröffneten Haus gibt es neben ausgezeichnetem Caffè auch köstliche Eiscreme wie das Gelato Gianduja oder Bella Rosina, benannt nach der Geliebten von Vittorio Emanuele II. (Mo geschl.).*

**San Tommaso 10 – Caffè Lavazza**, *Via San Tommaso 10. Postmodernes Ambiente und Kaffeemischungen aus aller Welt in der ersten 1895 von Kaffeehersteller Lavazza gegründeten Rösterei (So geschl.).*

**Hafa Caffè**, *Via S. Agostino 23. Marokkanisches Flair mit niedrigen Tischen und großen Sitzkissen. Neben Espresso werden auch arabischer Gewürzkaffee und Mandelgebäck serviert (So Abend und Mo geschl.).*

**Confiserie Stratta**, *Piazza San Carlo 191, und* **Pfatisch & Peyrano**, *Corso Vittorio Emanuele 76. Die beiden wichtigsten Adressen für Schokoladenliebhaber.*

*75 m hoch ist die Kuppelrotunde der barocken Basilica di Superga, die Glöckentürme zu beiden Seiten erreichen je 60 m Höhe*

die futuristisch anmutende Glaskuppel *La Bolla* und eine Teststrecke auf dem Flachdach. Unter dem Architekten *Renzo Piano* wurde dieser Fabrik-Prototyp ab Mitte der 1980er-Jahre in einen faszinierenden Komplex mit dem Messe- und Kongresszentrum *Lingotto Fiere*, Auditorium und Hotel umgewandelt. Heute findet hier u. a. im Mai die internationale Buchausstellung, *Salone del Libro*, statt. Auf der früheren Teststrecke kann man spazieren gehen.

Auf dem Dach der Halle hat Renzo Piano einen exzentrischen Museumsbau errichtet, in dem die 2002 eröffnete *Pinacoteca Giovanni e Marella Agnelli* (Di – So 9 – 19 Uhr, Internet: www.pinacoteca-agnelli.it) Meisterwerke des 18. – 20. Jh. u. a. von Tiepolo, Canaletto, Manet, Renoir und Matisse zeigt.

### *Ausflug*

In der *Collina Torinese*, der Hügellandschaft am Ostufer des Po, thront auf dem 670 m hohen aussichtsreichen Colle di Superga die imposante **Basilica di Superga** (tgl. 9 – 12 und 15 – 18 Uhr, im Winter tgl. 10 – 12 und 15 – 17 Uhr). Man erreicht sie vom nordöstlichen Vorort Sassi ab Piazza Gustavo Modena über die Strada Comunale Superga oder mit der Zahnradbahn *Tranvia dentiera Sassi Superga*. Als die Stadt während des Spanischen Erbfolgekrieges 1706 von den Franzosen belagert wurde, gelobte König Vittorio Amedeo II. im Fall eines Sieges die Stiftung einer Kirche, eben der Basilika. Deren *Hochaltarbild* zeigt die Schlacht, der die Savoyer ihre Königswürde verdanken. Der überkuppelte Zentralbau (1717 – 31) mit Säulenvorhalle und Turmflügeln ist das spätbarocke Meisterwerk des Architekten *Filippo Juvarra*. Das *Innere*, mit barocken Fresken und Mosaiken geschmückt, diente ab 1732 als Grablege der Königsfamilie.

## Praktische Hinweise

**Information:** ATL, Piazza Castello 161, Tel. 0 11 53 59 01, Fax 0 11 53 00 70. – Turismo Torino, Stazione Centrale di Porta Nuova (Gleis 17), Tel. 0 11 53 13 27, Fax 01 15 61 70 95. – Turismo Torino, Flughafen Torino-Caselle, Tel. 01 15 67 81 24, Fax 0 11 53 00 70, Internet: www.turismotorino.org

### Torino Card

Mit dem Erwerb der Torino Card bei den IAT-Stellen (14 €, 48 Std. gültig) können kostenlos alle Museen besucht, alle öffentlichen Verkehrsmittel der Stadt, der Fahrstuhl auf die Mole Antonelliana und die Zahnradbahn auf die Superga benutzt sowie eine Bootsfahrt auf dem Po unternommen werden.

### Flughafen

**Aeroporto Torino-Caselle**, ca. 16 km von Turin, Tel. 01 15 67 63 61/2, Internet: www.turin-airport.com. Busverbindungen von 5.15 (ab Stazione Centrale di Porta Nuova) bzw. 6.30 Uhr (ab Flughafen) bis 22.30 bzw. 23.30 Uhr

### Einkaufen

**Robe di Kappa**, Via Foggia 42. Direktverkauf sportlicher Mode zu stark herabgesetzten Preisen.

### Nachtleben

**Caffè Tabac**, Murazzi del Po 3. Show-Food-Lokal (Mo geschl).

**Da Giancarlo**, Murazzi del Po 49. Disco-Bar.

**Jammin'**, Murazzi del Po 17–19. Trendiges Lokal mit Livemusik.

### Hotels

*******Le Meridien Lingotto**, Via Nizza 262, Tel. 01 16 64 20 00, Fax 01 16 64 20 01, Internet: www.lemeridien-lingotto.it. Avantgardistisches Lingotto-Hotel nach Entwürfen von Renzo Piano mit Fitnesscenter. Helle Zimmer mit breiten Fensterfronten und ausgezeichnetes Restaurant.

******Turin Palace**, Via Sacchi 8, Tel. 01 15 62 55 11, Fax 01 15 61 71 91, Internet: www.thi.it. Traditionsreiches Haus mit historischem Ambiente und individuell eingerichteten Zimmern.

*****Liberty**, Via Pietro Micca 15, Tel. 01 15 62 88 01, Fax 01 15 62 81 63. Familiär geführtes kleines Hotel im 3.–5. Stock eines stimmungsvollen Jugendstilhauses in der Altstadt.

*****Victoria**, Via Nino Costa 4, Tel. 01 15 61 19 09, Fax 01 15 61 18 06, Internet: www.hotelvictoria-torino.com. Charmantes Hotel in ruhiger Lage mit liebevoll ausgestatteten Zimmern, allem Komfort und ausgiebigem Frühstück.

**Ostello della Gioventù**, Via Alby 1, Tel. 01 16 60 29 39, Fax 01 16 60 44 45. Modernes Haus mit 76 Betten am rechten Ufer des Po, 2 km vom Hauptbahnhof. Fahrradverleih.

### Restaurants

**Da Mamma Lucia**, Via Mazzini 50, Tel. 0 11 88 89 42. Familiäre Trattoria mit einfacher, herzhafter Küche und einem harten Kern an Stammgästen (Mo geschl.).

**Sotto la Mole**, Via Montebello 9, Tel. 01 18 17 93 98. Lokal mit bodenständiger Küche und Tischen im Freien direkt beim Filmmuseum (Mi geschl.).

**Trattoria Valenza**, Via Borgodora 39, Tel. 01 15 21 39 14. Stimmungsvolles Lokal an der Porta Palazzo. Empfehlenswert sind die Spezialitäten des sangesfreudigen Wirtes: Paprikaschoten mit *Bagna caôda* oder *Vitello tonnato* (So geschl.).

**Tre Galli**, Via Sant'Agostino 25b, Tel. 01 15 21 60 27. Originelles Restaurant mit guter Küche. Junges Publikum (So geschl.).

**Tre Galline**, Via Bellezia 37, Tel. 01 14 36 65 53. Das alteingesessene Lokal lockt mit köstlichen Klassikern der piemontesischen Küche (So und Mo Mittag geschl.).

## 23 Stupinigi und Rivoli

*Die wunderbaren Jagd- und Lustschlösser der Savoyer rund um Turin.*

Kaum hatten die Savoyer die Königswürde erlangt, ließen sie nicht nur Turin prächtig ausbauen, sondern auch rund um die Stadt Lust- und Jagdschlösser errichten. Mittels langer Alleen und strategisch platzierter, streng symmetrischer Bauten wurde die umgebende Landschaft in die Stadtplanung miteinbezogen, in deren Zentrum der Palazzo Reale stand. Die Savoyer Königsresidenzen sind seit 1997 UNESCO-Weltkulturerbe.

### Stupinigi

Als funkelnder Edelstein in diesem ›Kranz der Wonnen‹, wie Amedeo di Castellamonte die Schlösser rund um Turin nannte, präsentiert sich 10 km südlich der Stadt die 1729–33 errichtete **Palazzina di Caccia di Stupinigi** (TOP TIPP) (Di–So 10–18, im Winter bis 17 Uhr; Bus 63 ab Via S. Secondo/Stazione Centrale di Porta Nuova bis Piazza Caio Mario dann Bus 41). Mit dem Bau dieses als *Jagdschlösschen* titulierten riesigen Palastes betraute Vittorio Amedeo II. den Architekten *Filippo Juvarra*. Im Mittel-

*Für seinen fürstlichen Auftraggeber Vittorio Amedeo II. entwarf Architekt Filippo Juvarra in der ersten Hälfte des 18. Jh. das ausladende Barockschloss Stupinigi*

punkt der fantasievoll inszenierten Barockanlage steht der ovale *Zentralbau*, auf dessen Dachkuppel ein Bronzehirsch posiert. Die wahre Bühne bildet der monumentale überkuppelte *Festsaal* im Inneren, wo sich einst die höfische Gesellschaft umgeben von illusionistischen Malereien in Szene setzte. Der weitläufige Ehrenhof sowie die vier in x-Form arrangierten Seitenflügel und Nebengebäude bilden gewissermaßen die Kulisse. Die prachtvoll ausgestatteten Gemächer der Seitentrakte präsentieren sich im beschwingten Rokokostil und beherbergen heute das **Museo d'Arte e Ammobiliamento** (Di–So 10–16.40 Uhr) mit Möbeln und Kunstwerken aus einigen Residenzen der Savoyer.

## Rivoli

TOP TIPP

Ein ehrgeizigeres Projekt hatte Juvarra zuvor mit dem **Castello di Rivoli** 16 km östlich von Turin verfolgt, das in dominierender Position am Eingang des *Valle di Susa* steht (Shuttle-Bus Sa Nachmittag und So/Fei ganztägig von Turin, Piazza Castello und Stazione Centrale di Porta Nuova, Info-Tel. 01 15 81 19 00). Die Mitte des 13. Jh. errichtete Burg wurde Anfang des 17. Jh. unter Carlo Emanuele I. (1562–1630) von Carlo di Castellamonte zu einer Residenz mit vier Ecktürmen erweitert. Dazu gehörte auch ein 140 m langes und 7 m breites Gebäude, *Manica Lunga* (›Langer Ärmel‹) genannt, das die Kunstsammlungen des Herrschers aufnehmen sollte. Ab 1715 wurde Juvarra beauftragt, die Anlage zu einem ›piemontesischen Versailles‹ auszubauen. Doch als sie zu einem Drittel fertig gestellt war, versiegten die Geldquellen und der Bau musste 1734 eingestellt werden. Ende der 1970er-Jahre wurde das Castello restauriert, wobei man bewusst den unfertigen Charakter der Bauten beibehielt: Treppen laufen ins Leere und Wände ragen halbfertig in den Himmel. In den teilweise original stuck- und freskenverzierten Räumen zeigt heute das **Museo d'Arte Contemporanea** (Di–Fr 10–17, Sa/So 10–19 Uhr) Gemälde und Installationen von den 1960er-Jahren bis zur Gegenwart, darunter Werke von Mario Merz, Michelangelo Pistoletto, Sol Lewitt und Emilio Vedova. Ferner finden Wechselausstellungen statt.

## Praktische Hinweise

### Einkaufen

**Superga Outlets**, Via F. Raimondo 30a, Rivoli, Tel. 01 19 56 55 86. Direktverkauf von Schuhen und Kleidung des Labels zu reduzierten Preisen.

## 24 Valle di Susa

*Hochgebirgstal nahe Turin mit mächtigen Klosteranlagen und endlosen Skipisten.*

Das Valle di Susa, das sich westlich von Turin bis an die französische Grenze zieht, bildet seit jeher einen wichtigen Zugang zu den Westalpenpässen Monginevro und Moncenisio. Als erster Alpentunnel wurde 1871 die 13,6 km lange Galleria del Fréjus eingeweiht.

Bereits unter den Römern entwickelte sich der keltische Ort **Susa**, das ›Tor Italiens‹, am Ende des Susa-Tales zur mächtigen Grenzfestung. Von seiner Bedeutung zeugen noch heute zahlreiche römische Bauten wie der elegante *Triumphbogen* für Kaiser Augustus, Reste eines Aquädukts sowie Ruinen der *Terme Graziane* und eines Amphitheaters.

Im Mittelalter verlief durch das Susa-Tal die *Via Francigena*, über die Pilger, Soldaten und Händler von Frankreich in die Poebene und weiter nach Rom gelangten. Große religiöse Zentren entlang dieser Straße boten den Reisenden Unterkunft und Verpflegung. Zwei der damals bedeutendsten liegen am Taleingang nahe Turin. Man erreicht sie am besten von Rivoli aus über Buttigliera Alta bzw. Avigliana, während man die viel befahrene Autobahn A 32 und Staatsstraße 25 eher meiden sollte. Die **Abbazia S. Antonio Ranverso** (tgl. 9–12 und 14.30–17.30, im Winter tgl. 9–12 und 14–16.30 Uhr) mit Hospiz wurde 1188 als Anlaufstelle für Pilger und zur Pflege von Kranken gegründet, die an der Gürtelrose, dem so genannten *Feuer des hl. Antonius* litten. Ursprünglich im romanischen Stil errichtet, wurde die **Kirche** im 14./15. Jh. dem gotischen Zeitgeschmack angepasst, die schöne *Backsteinfassade* mit Spitzgiebeln und Fialen geschmückt und die vieleckige Apsis mit reichem Terrakottaschmuck verziert. Nicht immer das rechte Augenmaß bewies der Architekt beim Bau des dreischiffigen gotischen *Innenraums*, der einen leicht asymmetrischen Grundriss aufweist. Die Wände überzog der savoyardische Hofmaler *Giacomo Jaquerio* mit faszinierenden *Fresken* (um 1430), die den höfischen Weichen Stil der Gotik mit dem Realismus burgundischer Renaissancekunst verbinden. Besonders eindrucksvoll wirken die Wandmalereien in der Sakristei, etwa die expressive Darstellung der ›Kreuztragung Christi‹.

*Hoch über den bewaldeten Hügeln des Piemont thront Sacra San Michele*

Auf schöner Strecke durch zwei Moränenseen gelangt man wenige Kilometer weiter östlich zur weithin sichtbaren zyklopischen Klosteranlage **Sacra San Michele** (16. März–15. Okt. Di–So 9.30–12.30 und 15–18, sonst bis 17 Uhr) hoch über dem Susa-Tal. Ihre himmelwärts strebenden Mauern krönen den Gipfel des wildromantischen *Monte Pirchiriano* (962 m). Einer *Legende* zufolge wurde der Grundstein der Kirche von dem Eremiten *Giovanni Vincenzo* gelegt, der sich Ende des 10. Jh. auf den gegenüberliegenden Berg Capriasio zurückgezogen hatte, um ein Bethaus zu errichten. Doch alle Steine, die er während des Tages mühsam zusammengetragen hatte, verschwanden nachts auf mysteriöse Weise. Schließlich entdeckte er, dass Engelscharen unter der Führung des *hl. Michael* das Baumaterial auf den Monte Pirchiriano gebracht hatten, wo sie den Mönch anwiesen eine Kirche zu bauen. Wenige Jahre später stiftete der Auvergner Graf Hugues de Montboisser an dieser Stelle das *Benediktinerkloster*. Seine Blütezeit erlebte das Stift mit seinen zahlreichen Besitzungen im 13. Jh. 1622 wurde es vorübergehend aufgegeben, seit 1836 leben hier Mönche aus dem Rosminianer Orden.

Noch heute erliegt man der Faszination der als ›Engelsburg‹ titulierten **Klosterkirche**. Vom Eingang zu Füßen ihrer Ostflanke führt eine in den Fels geschlagene Freitreppe hinauf zum romanisch-gotischen Gotteshaus. Der Aufstieg wird auch *Scalone dei Morti* (Treppe der Toten) genannt wegen der zahlreichen Mönchsgräber an beiden Seiten. Links sieht man gleich am Anfang einen 18 m hohen Pfeiler, der das Kirchenfundament von unten stützt. Da die Baufläche auf dem Berggipfel zu klein war, schuf man einen gigantischen Unterbau aus Pfeilern und Stützmauern, sodass das Gotteshaus quasi in der Luft zu schweben scheint. Das romanische Portal, die *Porta dello Zodiaco* (Tor des Tierkreises, um 1120) am Ende der steilen Treppe besticht durch seine feinen Steinmetzarbeiten, u. a. mit Darstellungen der Tierkreiszeichen. Sie werden Meister Nicolò zugeschrieben, der auch an den Domen von Modena und Ferrara tätig war. Den dreischiffigen kreuzgewölbten *Innenraum* betritt man durch ein spätromanisches Tor, von dessen rechter Seite ein steinerner Mönchskopf herabblickt. Das Apsisfenster rahmen Prophetenfiguren und ein Relief mit der ›Verkündigung‹ (Ende des 13. Jh.). Beachtung verdient der so genannte *Alte Chor* an der Westseite, vermutlich ein Vorgängerbau, wo sich ein Triptychon (um 1520) des Renaissancemalers Defendete Ferrari und ein Fresko (1505) mit der ›Grablegung Christi‹ und dem ›Tod Mariens‹ erhalten hat. Von der *Terrasse* vor der Kirche bietet sich ein grandioser Blick auf das Susa-Tal, das Turiner Becken und die Poebene.

## Via Lattea

Am westlichen Ende des Valle di Susa liegen die traditionellen **Wintersportgebiete** der Turiner. Die Region zwischen Sauze d'Oulx und Beaulard, Cesana und Claviere, San Sicario und Sestriere, die auch unter dem Namen Via Lattea (Milchstraße) firmiert, gilt als eines der größten Skigebiete Europas. Seine Bedeutung unterstreicht die Tatsache, dass hier 2006 die XX. Olympischen Winterspiele ausgetragen werden. 400 km Skipisten, 92 Lifte und Bergbahnen und 900 Schneekanonen sorgen für unbegrenztes Wintersportvergnügen. Zu den attraktiven Orten zählt *San Sicario* mit seiner autofreien Altstadt. Kein Postkartenmotiv hingegen liefert das moderne *Sestriere* mit seinen charakteristischen runden Hoteltürmen wie der ca. 50 m hohen Torre Rossa. Der Ort wurde von der Agnelli-Dynastie, den Begründern des Fiat-Imperiums, in den 1920er-Jahren aus dem Boden gestampft, kann aber mit einer guten Infrastruktur aufwarten.

*Schneesicher – das Wintersportzentrum Sestriere liegt in mehr als 2000 m Höhe*

### Praktische Hinweise

**Information:** ATL della Valle di Susa e Pinerolese, Susa, Ortsteil S. Giuliano, Tel. 01 22 62 38 66, Fax 01 22 62 88 82, Internet: www.montagnedoc.com, www.adac.de/skiguide

#### Hotel

****Capricorno**, Ortsteil Les Clotes, Sauze d'Oulx, Tel. 01 22 85 02 73, Fax 01 22 85 00 55, Internet: www.ilcapricorno.it. Kleine intime Herberge mit dem Charme einer Berghütte und dem Komfort eines Hotels.

#### Restaurants

**Il Sentiero dei Franchi**, Borgata Cresto 16, S. Antonio di Susa, Tel. 01 19 63 17 47. Typisch piemontesische Küche wie *Polenta concia* (mit Butter oder Käse) und Rehbraten, *Capriolo* (Di geschl.).

**Trattoria Italia**, Piazza del Municipio 2, Villarbasse (12 km südwestl. von Rivoli), Tel. 0 11 95 21 08. Schon allein die traditionellen piemontesischen Antipasti sind einen Abstecher wert (So Abend und Mo geschl.).

# Monferrato und Langhe – hochkarätige Weine und weiße Trüffeln

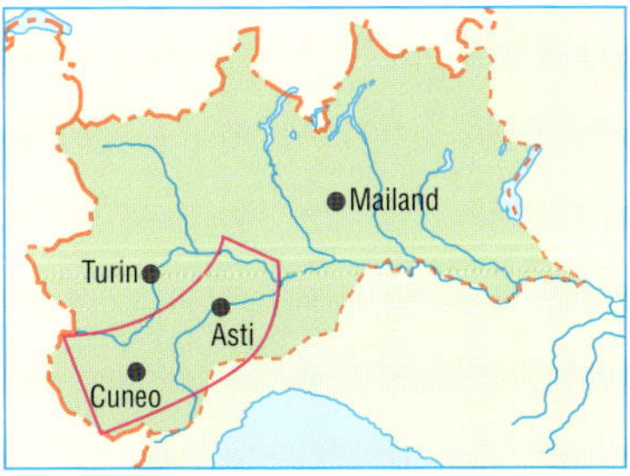


Auf und ab ziehen sich die kurvigen Sträßchen durch das Hügelmeer des Monferrato und der Langhe zwischen **Casale Monferrato** und den südlichen Seealpen. Auf beinahe jeder Kuppe scharen sich Häuser eines mittelalterlichen Dorfes um meist barocke Kirchen und turmbewehrte Burgen. Vor allem an den Herbstwochenenden zieht es viele Turiner in diese harmonische Landschaft, wegen der bäuerlich-raffinierten Küche und der guten Weine. Hier im Herzen des Piemont, um **Alba** und **Asti**, ist die Heimat berühmter *Rotweine* wie Barolo, Barbera und Barbaresco, aber auch der herb duftenden weißen *Trüffeln*, die so manchen Genießer in Verzückung versetzen. Einen künstlerischen Höhepunkt vor der prächtigen Kulisse des Monviso-Massivs bietet die mittelalterliche Oberstadt von **Saluzzo** mit der maßwerkgeschmückten Kirche S. Giovanni und dem Renaissancepalais Casa Cavassa. Die herrlichen Fresken im nahen **Castello di Manta** erzählen Geschichten von der höfischen Ritterkultur der Region.

## 25 Casale Monferrato

*Schöne Residenzstadt mit bedeutendem Dom.*

Am Ufer des Po 68 km östlich von Turin liegt Casale Monferrato (37 000 Einw.). Der Ort bildet das Tor zur hügeligen Weinbauregion des **Monferrato**, das im Norden von diesem mächtigsten Strom Italiens begrenzt wird und sich im Süden bis zum Apennin erstreckt. Die hübsche Altstadt und der Antiquitätenmarkt machen Casale zu einem beliebten Ausflugsziel.

***Geschichte*** Die bereits seit der römischen Kaiserzeit bestehende Siedlung war ab 967 Teil der Markgrafschaft Monferrato, die der deutsche Kaiser Otto I. dem Aleramo, Begründer der *Aleramiker*, als Lehen übergab. Ihre Blütezeit erlebte sie unter der aus Konstantinopel stammenden kunstsinnigen Dynastie der *Paläologen*, die nach dem Aussterben der Aleramiker den Markgrafentitel erbten. Anfang des 15. Jh. erhoben sie Casale zu ihrer Residenz. Mit dem Erlöschen dieser Erbfolge ging das Monferrato Mitte des 16. Jh. an die *Gonzaga* von Mantua über, die Casale gegen die Territorialgelüste der Savoyer zur Festung ausbauten. Nach dem Spanischen Erbfolgekrieg fiel es 1713 schließlich an die *Savoyer* und verlor damit seine Rolle als Hauptstadt des Monferrato. Ende des 19. Jh. avancierte Casale dann zur ›Hauptstadt des Zements‹. Heute bestimmt neben der Landwirtschaft vor allem die Produktion von Kühlschränken und Druckmaschinen die Ökonomie von Casale.

◁ **Oben:** *Zwischen Vezzolano und Asti liegt traditionsreiches Weinland*

**Unten:** *Seit dem Mittelalter wird in Asti Ende September der Palio ausgetragen, ein farbenfrohes Reiterspektakel*

***Besichtigung*** Das von vier Ecktürmen gerahmte **Castello** (in restauro, geöffnet jeden 2. Sa /So im Monat, 10 – 12 und 15 – 17 Uhr, Sa nur nachmittags) im Westen der Stadt unweit des Po bietet heute eine malerische Kulisse für den jedes zweite Wochenende im Monat stattfindenden Antiquitätenmarkt im Jugendstilbau des *Mercato Pavia* an der Südseite der Piazza Castello. Zur stilechten Kaffeepause lädt im Mercato das historische *Antico Caffè Pavia*. Anschließend geht es nach

Osten über die Via Saffi und die reizvolle Piazza Mazzini zum bedeutendsten Bau der Stadt. Der fünfschiffige romanisch-gotische **Duomo S. Evasio** (Mo–So 9–12 und 15–18 Uhr) aus dem 11./12. Jh. präsentiert sich mit einer von zwei Türmen flankierten *Giebelfassade* und einer monumentalen, von einem Kreuzgewölbe überspannten *Vorhalle*. Blickfang des *Inneren* ist das wunderschöne, mit Silberblech beschlagene *Kruzifix* aus der Frühromanik. Sehenswert sind auch im Chorumgang die Reste des *Mosaikbodens* (um 1150) mit biblischen und weltlichen Szenen.

Einige Querstraßen weiter nördlich erhebt sich die spätgotische Kirche **San Domenico** mit schönem *Kreuzgang*. Guglielmo VIII. stiftete sie 1472, um mit göttlichem Beistand einen Nachkommen in die Welt zu setzen. Diese Hoffnung erfüllte sich aber erst bei seinem Bruder, dessen Sohn die Kirche schließlich um 1500 fertig bauen ließ. Im Tympanon des *Renaissanceportals* ließen sich die drei männlichen Protagonisten dankbar verewigen. Noch ganz dem Raumeindruck der Spätgotik verhaftet ist der *Innenraum* mit seinen hohen Bündelpfeilern und dem dunkelblauen Rippengewölbe. Der Chor wurde im Barock umgestaltet.

*Dem Sternenhimmel ist das Gewölbe im Duomo S. Evasio nachempfunden*

Südlich vom Dom verläuft die Prachtstraße **Via Mameli**. Wie die Perlen einer Kette sind hier die prunkvollen Palazzi der Adeligen aufgereiht, die im 18. Jh. dem barocken Erneuerungsfieber in der Hauptstadt Turin nacheiferten. Zu den schönsten Gebäuden gehören der *Palazzo Gozzani di Treville* (Nr. 29, 1710–14) mit hübschem Innenhof, der *Palazzo Gozzani di San Giorgio* (Nr. 10, 1778), heute Rathaus, und am Ende der Straße die *Casa Tornielli*, eines der wenigen noch erhaltenen gotischen Häuser. Weiter westlich jenseits der Via Roma steht die für die große jüdische Gemeinde der Stadt 1595 errichtete und im 19. Jh. erneuerte **Synagoge** (Vicolo Salomone Olper 44, So 10–12 und 15–17 Uhr) mit reichen Stuck- und Golddekorationen im Inneren und einem Museum auf der Frauenempore.

Lohnend ist auch der Besuch der *Pasticceria Portinaro* in der Via Lanza 16 nördlich der Piazza Mazzini, denn hier erfand Domenico Rossi 1878 die **Krumiri**, ein Süßgebäck, dessen gebogene Form eine Hommage an den Schnurrbart von König Vittorio Emanuele II. darstellte.

## Praktische Hinweise

**Information:** IAT, Piazza Castello, Tel./Fax 01 42 44 43 30, Internet: www.monferrato.org

### Hotels

********Candiani****, Via Candiani d'Olivola 36, Tel. 01 42 41 87 28, Fax 01 42 41 87 22, Internet: www.hotelcandiani.com. Elegantes Hotel mit Jugendstilambiente. Helle Zimmer mit kunstvollen Stilmöbeln aus den hiesigen Manufakturen.

*****Principe**, Via Cavour 55, Tel. 01 42 45 20 19, Fax 0 14 27 11 74. Zentral gelegenes Hotel in historischem Palazzo mit zweckmäßig eingerichteten Zimmern.

### Restaurants

**Hostaria il Galletto**, Via XX. Settembre 117, Tel. 01 42 43 51 59. Geboten werden gute Weine der Region und bodenständige Küche mit klassischen Gerichten wie *Carne cruda monferrina* (Tartar) oder Eselschmorbarten, *Stufato d'asino* (Mo geschl.).

**La Torre**, Via Garoglio Dirego 3, Tel. 0 14 27 02 95. In dem eleganten Lokal in Hügellage werden piemontesische Gerichte fantasievoll interpretiert, z. B. Risotto mit Salat und Toma-Käse aus Murazzano (Mi geschl.).

## 26 Acqui Terme

*Heiße Wasser und moussierende Weine.*

Im südlichen Monferrato, im Tal des Bormida, liegt das heitere Kurstädtchen Acqui Terme (20 000 Einw.). Schon die alten Römer suchten in den bromsalzhaltigen Schwefelquellen von *Aquae Statiellae* ihre Zipperlein wie Rheuma oder Gicht zu heilen. Jenseits des Flusses erinnern noch vier Pfeilerarkaden an den *Aquädukt*, mit dem sie einst frisches Quellwasser aus den Bergen heranführten, um es mit dem heißen Thermalwasser zu mischen. Im 19. Jh. erlebte das Kuren eine Renaissance und auch wenn sich die Thermen heute in Schönheitsfarmen und Wellness-Center verwandelten, hat die Stadt doch ihren ursprünglichen Charme bewahrt.

Sehenswert sind der romanische, später mehrfach umgebaute **Duomo S. Maria Assunta** mit seinem apsidengeschmückten Chorbau und der weiträumigen säulengestützten Krypta. Die römische Vergangenheit von Acqui Terme dokumentiert das *Museo Civico Archeologico* im mittelalterlichen **Castello di Paleologhi** (Mi–Sa 9.30–12.30 und 15.30–18.30, So 15.30–18.30 Uhr) auf dem benachbarten Hügel. Wahrzeichen der Stadt ist das römisch inspirierte Brunnenhaus **La Bollente** (1870) an der nahen Via Saracco, um das sich die Kurgäste scharen. Empfohlen sei die bis zu 75 °C heiße Quelle besonders bei Atemwegserkrankungen. Noch größerer Beliebtheit erfreut sich der *Brachetto d'Acqui*, ein moussierender rubinroter Dessertwein, der rund um Acqui angebaut wird.

### Praktische Hinweise

**Information:** IAT, Via Maggiorino Ferraris 5, Tel. 01 44 32 21 42, Fax 01 44 32 90 54

**Restaurant**

**Antica Osteria da Bigât**, Via Mazzini 30/32, Tel. 01 44 32 42 83. Traditionelles Lokal mit Spezialitäten wie Kichererbsen-Farinata und geschmorter Stockfisch, *Stoccafisso all'Acquese* (Mi und So Mittag geschl.).

*Im Brunnenhaus La Bollente sprudelt das warme Heilwasser von Acqui Terme*

## 27 Asti

*Spumante und mitreißende Pferderennen.*

Eingebettet in das weite Tal des Tànaro-Flusses liegt die *Provinzhauptstadt* Asti (73 000 Einw.) mit ihrer reizvollen Altstadt im Herzen der Rebhänge, zugleich ein Zentrum der **Weinproduktion**. Der Name ist weltberühmt und steht für die spritzigen, meist süßen Schaumweine. Neben den *Spumanti*, die jung getrunken werden sollten, gibt es auch sehr qualitätsvolle nach der Champagnermethode, *Metodo classico*, vergorene Schaumweine. Berühmt ist die Gegend außerdem für ihren gewichtigen Rotwein *Barbera*.

Ein Aufenthalt in Asti lohnt sich besonders im September, wenn auf der Weinmesse *Douja d'Or* die besten italienischen Weine prämiert und auf der Piazza Alfieri kulinarische Spezialitäten der Region präsentiert werden. TOP TIPP Höhepunkt der Messe ist der **Palio**, ein mitreißendes traditionelles Reiterfest. Bereits seit 1275 treten die 14 Stadtteile von Asti bei einem waghalsigen

Wettrennen auf ungesattelten Pferden gegeneinander an.

**Geschichte** An der Stelle einer gallo-ligurischen Siedlung entstand 89 v. Chr. die römische Kolonie *Hasta*, die an der *Via Fulvia* auf dem Weg zu wichtigen Alpenpässen lag. In der Folge war der Ort sowohl langobardisches Herzogtum (589) als auch fränkische Gemarkung (774) und wurde im 10./11. Jh. von Bischöfen beherrscht. Ab 1095 war Asti eine der mächtigsten *Stadtrepubliken* Norditaliens und setzte sich erfolgreich gegen die Markgrafen des Monferrato und gegen Kaiser Friedrich I. Barbarossa zur Wehr. Mit den einsetzenden Familienfehden zwischen Guelfen und Ghibellinen Ende des 13. Jh. begann jedoch eine Phase des Niedergangs, die Asti schließlich in die Arme der mailändischen *Visconti* trieb. 1387 wurde die Stadt Mitgift von Valentina Visconti, die den Bruder des französischen Königs, Herzog Louis d'Orleans, heiratete. 1575 fiel Asti endgültig an die *Savoyer*. Heute ist es ein lebhaftes Handelszentrum für landwirtschaftliche Produkte, allen voran Wein und Trüffeln.

**Besichtigung** Der große **Campo del Palio** unweit des Bahnhofs ist Bühne für das alljährliche Pferderennen [s. o.], hier wird aber auch jeden Morgen *Markt* abgehalten. Auftakt für einen Stadtrundgang ist die benachbarte arkadengesäumte **Piazza Alfieri**, die nach dem in Asti geborenen Dramatiker *Vittorio Alfieri* (1749–1803) benannt ist. Über eine Seitenstraße nach links gelangt man zur hübschen *Piazza San Secondo*, auf der an jedem vierten Sonntag ein gut besuchter Antiquitätenmarkt stattfindet. Die Kirche **San Secondo** (Mo–Sa 10.45–12 und 15.30–17.30, So 10.45–12 Uhr) wurde an der Martyriumsstätte des hl. Secondo, des Schutzheiligen von Asti, errichtet. An ihre romanischen Ursprünge erinnert allerdings lediglich der *Campanile* (11. Jh.). Im 14./15. Jh. wurde über dem Vorgängerbau eine gotische Stufenhalle errichtet und dieser eine dreiportalige *Fassade* nach dem Vorbild der hiesigen Cattedrale [s.u.] vorgeblendet. Der barockisierte *Innenraum* mit einer sehenswerten romanischen Hallenkrypta bewahrt die Fahnen des Palio, die alljährlich von Künstlern gestaltet werden.

Lebensader der Stadt ist der von prächtigen Patrizier-Palazzi gesäumte **Corso Alfieri** mit seinen malerischen Seitengassen. Beachtenswert sind der **Palazzo Mazzetti** (Nr. 357) mit der *Pinacoteca Civica* (in restauro bis Mitte 2004), einer Sammlung mit Werken piemontesischer Meister aus dem 15.–19. Jh., sowie der **Palazzo Alfieri** (Nr. 375, voraussichtl. bis Ende 2003 geschl.) mit seinem kulissenhaft schönen Innenhof. Zu den eindrucksvollsten der einst über 120 Geschlechtertürme der Stadt gehören die *Torre Comentina* (13. Jh.) an der Piazza Roma und am Ende des Corso die sechzehneckige *Torre Rossa di San Secondo*, deren Unterbau einst Teil eines römischen Stadttores war. Eine geheimnisvolle Aura umgibt die erst seit kurzem wieder zugängliche Krypta **S. Anastasio** (Nr. 367, Di–So 10–13 und 15–18 Uhr) aus dem 8.–12. Jh. mit ihren expressiven spätromanischen Figurenkapitellen. Sie wurde 1907 entdeckt, als man die darüber liegende Barockkirche abriss.

Geht man vom Corso durch eine der schmalen Gassen nach rechts, erreicht man die gotische **Cattedrale SS. Maria Assunta e Gottardo** (Fr–Mi 8.30–12 und 14–17.30, Do 14–17.30 Uhr). Der imposante Backsteinbau (1309–54) empfängt Besucher mit einer von drei Stufenportalen und Fensterrosen gegliederten *Westfassade*. Eigentlicher Blickfang ist aber die Südseite mit ihren rot-weißen Fensterrahmungen und der reich dekorierten *Vorhalle*. Hohe Bündelpfeiler gliedern den lichtdurchfluteten dreischif-

*Beim Palio von Asti spielen nicht nur die Fahnen der Stadtviertel, sondern auch fantasievolle Kostüme eine große Rolle*

*1764–69 wurde der an sich streng gotische Innenraum der Cattedrale SS. Maria Assunta e Gottardo über und über mit Fresken im Rokokostil bemalt*

figen *Innenraum*. Im Kontrast zum gotischen Raumgefüge stehen die Rokoko-Fresken mit ihren Scheinarchitekturen und ihrem Figurenüberschwang. Für die *Astigiani* heißt die Kirche wegen den mit stilisiertem Weinlaub bemalten Pfeilern schlicht *La Vigna*, der Weinberg.

Einen Besuch verdient auch die **Rotonda di San Pietro** (Di–So 10–12.30 und 16–19 Uhr) am östlichen Ende des Corso Alfieri. Die Kuppel des achteckigen Baptisteriums (12. Jh.) stützen mächtige Rundpfeiler aus wechselnden Tuff- und Ziegelsteinen.

## Praktische Hinweise

**Information:** ATL, Piazza Alfieri 34, Tel. 01 41 53 03 57, Fax 01 41 53 82 00, Internet: www.terredasti.it

### Hotels

****__Locanda del Sant'Ufficio__, Cioccaro di Penango (20 km nördl. von Asti), Tel. 01 41 91 62 92, Fax 01 41 91 60 68, Internet: www.thi.it. Früheres Kloster in den Weinbergen des Monferrato mit Pool, Tennisplatz und Restaurant.

***__Reale__, Piazza Alfieri 6, Tel. 01 41 53 02 40, Fax 0 14 13 43 57, Internet: www.hotel-reale.com. Traditionsreiches Hotel (seit 1783) mit geschmackvollen, weitläufigen Zimmern in zentraler Lage am Campo del Palio.

### Restaurants

**Barolo & Co**, Via Cesare Battisti 14, Tel. 01 41 59 20 59. Stimmungsvolles Restaurant mit Enoteca. Gutes Preis-Leistungs-Verhältnis (So Abend und Mo geschl.).

**Gener Neuv**, Lungotanaro Pescatori 4, Tel. 01 41 55 72 70. Nobellokal am Tanaro mit einer der besten Küchen des Piemont. Spezialitäten sind *Agnolotti alla Piemontese*, *Risotto* mit Aal in Moscato oder *Robiola* aus Roccaverano mit Gänseleber und als krönender Abschluss Haselnusskrokant (So/Mo geschl.).

**Tabacanda**, Via al Teatro Alfieri 5, Tel. 01 41 53 09 99. Gut sortierte Enoteca mit piemontesischen Schmankerln wie Gnocchi nach Castelmagno-Art oder Hase mit schwarzen Trüffeln (Mi geschl.).

## 28 Langhe

### Alba – Grinzane Cavour – Barolo – La Morra

*Gourmetparadiese, Weinhochburgen und fantastische Ausblicke.*

Gezackte, waldreiche Hügelketten und tiefe, von Gebirgsbächen durchzogene Täler prägen die stille Landschaft der Langhe, die sich, gerahmt von den Flüssen Tanaro und Bormida di Spigno, bis zu den Seealpen im Süden erstreckt. Scheinbar endlos ziehen sich Rebenreihen und Haselnusswälder bis zum Horizont. Die zahlreichen befestigten Weiler und Sarazenentürme zeugen von der Zeit, als die Langhe sich im 10. Jh. gegen Raubzüge von Piraten schützen mussten. Zu kulinarischen Ausflügen locken die (noch) meist ländlichen Restaurants mit einer soliden, aber verfeinerten Küche.

Als Feinschmeckerdorado schlechthin gilt **Alba** (30 000 Einw.), die größte Stadt der Langhe. Seit 1929 strömen jedes Jahr im Oktober Gourmets aus aller Welt hierher zur wichtigsten Trüffelmesse Italiens, der *Fiera Internazionale del Tartufo*, auf

*Ob Schauspieler oder Kirchenmann, mit einem Borsalino sind alle gut behütet*

## Filz, Stroh und Geschmeide

*Humphrey Bogart bestand darauf: nur aus reinstem Biberpelz. Giacomo Puccini besaß den Jahreszeiten entsprechend gleich zwei: für den Winter den aus dickem Filz, für den Sommer einen Panama aus Stroh. Und natürlich kamen all diese Hüte aus* **Alessandria** *(30 km westlich von Asti). Anfang des 20. Jh. galt der Ort im Piemont als die ›Hauptstadt der Hüte‹. Zu Weltruhm verhalf ihr* **Giuseppe Borsalino**, *der 1857 mit der Produktion von Filzhüten aus Kaninchen-, Hasen- und Biberhaar begann. Bereits um 1900 erreichte er eine Jahresproduktion von 1 Mio. Hüten und bis zur Weltwirtschaftskrise von 1929 war sie gar auf 2 Mio. angestiegen. Das einstige Fabrikgebäude in der Via Cavour 84 beherbergt heute das* **Museo del Cappello** *(bis voraussichtl. Ende 2003 geschl.). In deckenhohen Schauvitrinen liegen an die 5000 Exemplare: von den Mafiosi-Hüten der 1920er-Jahre über die klassischen ›Melonen‹ bis hin zu karmesinroten Kardinalshüten. Der Borsalino wird auch heute noch in seinem Stammbetrieb am Corso di Cento Cannoni 21 von Alessandria hergestellt, rund 200 000 Stück pro Jahr. Wer sich für die neueste Kollektion interessiert, kann sie im historischen Borsalino-Geschäft am Corso Roma 20 begutachten.*

*Auf einen ganz anderen Wirtschaftszweig trifft man in* **Valenza** *(21 000 Einw.), 14 km nordwestlich von Alessandria. Fort Knox könnte nicht besser gesichert sein, über den Hauseingängen hängen Überwachungskameras und die Türen sind gepanzert. Valenza ist eines der wichtigsten italienischen Zentren der* **Gold-** *und* **Edelsteinverarbeitung**. *An die 1330 Ateliers mit 7300 Beschäftigten verarbeiten jährlich über 50 t Gold und fast 80 % der nach Italien importierten Juwelen. Zu ihren Auftraggebern gehören Bulgari, Cartier und Damiani. Aus Valenza kamen das Diadem, das Fürst Rainier von Monaco Grace Kelly zur Hochzeit schenkte, und die Krone der persischen Farah Diba. Zu den besten der über 70 Goldschmiedewerkstätten gehören:*

**Garavelli**, *Viale Dante 24, Tel. 01 31 94 13 50*

**Giuseppe Barbano**, *Via Bologna 1/D, Tel. 01 31 95 31 37*

**MG Gold di Mandirola Gino**, *Via Pellizzari 29 (in der Nähe vom Dom), Valenza, Tel. 01 31 94 20 78. Direktverkauf.*

**La Fabbrica dell'Oro**, *Via Circonvallazione Ovest 14, Valenza, Tel. 01 31 94 31 95. Direktverkauf.*

der die knolligen Schätze begutachtet und verkauft werden. Gleichzeitig findet auch der **Palio degli Asini** statt, eine höchst vergnügliche Karikatur des Palio von Asti, bei dem bockige Esel statt Pferde um die Wette rennen. Berühmtheit genießt Alba aber auch wegen seiner Schokoladen- und Haselnussspezialitäten, vor den Toren der Stadt hat die Firma *Ferrero* ihren Sitz.

TOP TIPP

Zentrum der Altstadt ist die **Piazza Risorgimento**, wo seit 1171 jeden Samstag ein bunter *Markt* stattfindet. Mit üppigen Auslagen locken auch an den anderen Tagen die Delikatessläden und Cafés rings um den Platz. Zu den schönsten gehört das *Antico Caffè Calissano* im Vicolo dell'Arco rechts vom Duomo, wo man sich unter Stuckfriesen und alten Spiegeln zum Aperitivo trifft.

Die Straßenkulisse prägen vor allem die zahlreichen *Geschlechtertürme*, die an die glanzvollen Zeiten der mittelalterlichen Stadtrepublik erinnern, als man Alba die ›Stadt der 100 Türme‹ nannte.

An der *Piazza Duomo* erheben sich die wichtigsten Gebäude: der **Palazzo Comunale** (Rathaus) mit einem Gemälde des heimischen Malers Macrino d'Alba und der romanisch-gotische, später mehrfach erneuerte **Duomo San Lorenzo** (tgl. 7–12 und 15–18.30 Uhr), der ein wunderschönes Chorgestühl (1512) mit Stadtveduten und ländlich-bäuerlichen Szenen birgt. Sehenswert ist auch weiter südlich die aus Backstein errichtete Bettelordenkirche **San Domenico**, deren gotischer Innenraum am Ende des linken Seitenschiffs Freskenresten aus dem 16. Jh. bewahrt. Die stimmungsvolle Stufenhalle dient heute als Bühne für Theateraufführungen und Konzerte.

Südlich von Alba erstreckt sich das *Weinland* des *Barolo* [s. S. 129]. Der erste Halt gebührt dem Ort **Grinzane Cavour**, in dem sich Graf Camillo Benso di Cavour, politischer Kopf der Einigung Italiens, 1832–49 als Bürgermeister seine ersten Sporen verdiente. Das mächtige *Castello Cavour* beherbergt heute ein Museum zur Bauernkultur und die *Enoteca Regionale Piemontese* (Mi–Mo 9.30–12.30 und 14.30–18.30 Uhr, Jan. geschl.) mit Restaurant, wo man die erstklassigen piemontesischen DOC- und DOCG-Weine verkosten kann.

Wenige Kilometer weiter südlich liegt inmitten von Weinbergen das Dorf **Barolo**, das vom imposanten *Castello* der Bankiers- und Händlerfamilie Falletti beherrscht wird, die hier 1325–1864 wohnte. Die französische Gattin des letzten Falletti, Juliette Victurinne Colbert de Maulévrier, erkannte das Potenzial der hier heimischen Nebbiolo-Traube und baute um 1830 mithilfe des Önologen *Louis Oudart* den Barolo zum lagerfähigen Rotwein aus. Im legendären Wein-

*Stimmungsvolles Zentrum von Alba ist die mittelalterliche Piazza Risorgimento*

*Berühmt für vollmundige Weine – der Ort Grinzane Cavour und sein Castello Cavour*

*Im Weindorf Barolo speist man stilvoll und ausgezeichnet im Castello Farelli*

keller des Castello, wo der ›erste‹ Barolo gekeltert wurde, befindet sich heute die *Enoteca Regionale* (Fr–Mi 10–12.30 und 15–18.30 Uhr, Jan geschl.).

Einen fantastischen Blick über das gesamte Barolo-Gebiet genießt man vom hoch gelegenen Festungsstädtchen **La Morra**, dem ›Belvedere der Langhe‹, mit seinen malerischen Gassen 7 km nordwestlich vom Dorf Barolo.

## Praktische Hinweise

**Information:** ATL Ente Turismo Alba, Bra, Langhe, Roero, Piazza Medford 3, Alba, Tel. 0 17 33 58 33, Fax 01 73 36 38 78, Internet: www.langheroero.it

*Kenner schätzen den Barolo als charaktervollen, gleichwohl trockenen Rotwein*

### Hotels

*****Savona**, Via Roma 1, Alba, Tel. 01 73 44 04 40, Fax 01 73 36 43 12, Internet: www.hotelsavona.com. Zentral gelegenes Haus, vom ›Erfinder‹ der Trüffelmesse Giacomo Morra gegründet, mit freundlichen Zimmern und modernen Bädern.

TOP TIPP **Villa La Meridiana**, Ortsteil Altavilla, Alba, Tel./Fax 01 73 44 01 12, E-Mail: cascinareine@libero.it. Entspannung pur verspricht dieser kleine Agriturismo mit sechs Zimmern, Pool und herrlichem Blick über die Hügel. Fahrräder stehen zur Verfügung.

### Restaurants

**Enoclub**, Piazza Savona 4, Alba, Tel. 0 17 33 39 94. Stimmungsvolles Lokal in einem einstigen Weinkeller. Seine Stärken sind frische Pasta und Barolo-Schmorbraten (Mo geschl.).

TOP TIPP **Osteria dell'Arco**, Piazza Savona 5, Alba, Tel. 01 73 36 39 74. *Tajarin*, hausgemachte Bandnudeln, mit Wurstragout werden ebenso geboten wie Entenkeule in Rotwein und beste Weine aus den Langhe (So und Mo Mittag geschl.).

**Osteria La Cantinella**, Via Acqua Gelata 4a, Barolo, Tel. 0 17 35 62 67. Allein schon die *Antipasti* sind einen Besuch wert (Mo Abend und Di geschl.).

## 29 Saluzzo

*Attraktive Altstadt mit französischem Flair und Bergpanorama.*

Am schönsten präsentiert sich Saluzzo (16 000 Einw.) bei der Anfahrt von Osten aus der Richtung Savigliano. Mittelalterliches Flair bietet die schöne Oberstadt an den Ausläufern des pyramidenförmigen Monviso-Massivs (3841 m), deren von Torbögen überwölbte Gassen sich bis zum Castello hinaufwinden. Berühmt ist Saluzzo wegen seiner Restauratoren- und Kunstschreinerwerkstätten, die *Stilmöbel* nach piemontesischen Vorbildern des 17./18. Jh. fertigen. Ihre Produkte kann man im September auf der *Mostra dell' Antiquariato e del Mobile Artistico* bewundern – und kaufen.

***Geschichte*** Vom 13. bis 16. Jh. war die Stadt Sitz der Markgrafen von Saluzzo, ihr Einflussgebiet reichte von den Alpen bis zum Po und im Osten bis an den Stura-Fluss. Ende des 14. Jh. banden sie sich aus Geldmangel an die Grafen der französischen *Dauphiné*, eine fruchtbare Verbindung, die sich auch in Kunst und Kultur niederschlug. Seine kulturelle Blütezeit erlebte Saluzzo im 15. Jh. unter den Markgrafen *Ludovico I.* (1416–1475) und *Ludovico II.* (1475–1504). An ihrem Hof verkehrten Künstler und Intellektuelle, eine Chirurgenschule wurde gegründet, Kirchen und Palazzi entstanden. Im Jahr 1588 eroberten die *Savoyer* Saluzzo, das daraufhin in einen Dornröschenschlaf fiel. So blieb die historische Bausubstanz der Oberstadt weitgehend erhalten, zumal sich der barocke Erneuerungseifer der Savoyer im 18. Jh. auf die Unterstadt beschränkte.

***Besichtigung*** Das wichtigste Bauwerk der **Unterstadt** ist an der zentralen Piazza Risorgimento die **Cattedrale S. Maria Assunta** (tgl. 9–12 und 15–18 Uhr). Die Backsteinkirche, eine Stiftung von Ludovico II. und Gattin, wurde 1491–1501 als eine der letzten gotischen Kirchen des Piemont erbaut. Eindrucksvoll ist das weiträumige dreischiffige *Innere*, dessen breiter Chorumgang sich an gotischen Kathedralen Frankreichs orientiert. Im Mittelpunkt steht der barocke mit Marmorskulpturen geschmückte *Hochaltar*. Das einstige Altarbild, ein qualitätvolles Polyptychon (um 1495) des Flamen *Hans*

### Die Königin von Alba ist eine Knolle

*Auskennen muss er sich und er braucht natürlich ein gewisses Maß an Glück. Und so macht sich der* **Trifolao**, *der Trüffelsucher, zwischen Oktober und Dezember bei Tagesanbruch, wenn die Feuchtigkeit den Duft der* **Trüffeln** *unterstreicht, auf die Suche nach der begehrten Delikatesse. Einziger Begleiter ist sein treuer Hund, der mit seiner feinen Nase die weißen Knollen unter Eichen, Weiden, Pappeln oder Nussbäumen noch in Tiefen bis zu 80 cm aufstöbern kann.*

*Aber Trüffel,* **Tartufo**, *ist natürlich nicht gleich Trüffel. Weiße und schwarze Trüffeln, die Herbst- und Winterernte, trennen Geschmacks- und Preiswelten. Während die schwarzen Trüffeln, wesentlich weiter verbreitet und zudem seit einigen Jahren gezüchtet, noch bezahlbar sind, erzielen die seltenen und nur in der Natur vorkommenden weißen* **Alba-Trüffel** *(Tuber Magnatum Pico) leicht Preise bis zu 1500 € pro Kilo. Die kostbare weiße Knolle aus dem Piemont, Königin unter den* **Edelpilzen**, *ist besonders intensiv im Aroma und liegt im Gewicht zwischen 30 und 100 g. Sie sollte nicht gewaschen, nur gebürstet und ungekocht verwendet werden. In der Küche adelt sie Risotti, Pastagerichte und Fleischspeisen.*

*Glacéhandschuhe sind gerade gut genug für die raren weißen Trüffeln von Alba*

*Häuser und Geschlechtertürme von Saluzzo gehen zum Teil bis auf das Mittelalter zurück, was dem schmucken Städtchen den Beinamen ›Florenz des Piemont‹ einbrachte*

*Clemer*, heute in der Sakramentskapelle links vom Hauptaltar, zeigt die Stadtpatrone SS. Chiaffredo und Costanzo mit den Kirchenstiftern.

Durch die *Porta Maria* betritt man die mittelalterliche **Oberstadt** mit dunklen Torbögen über der Via Volta, deshalb auch *Via Porti Scür*, Straße der dunklen Tore, genannt. Hier findet Mittwoch- und Samstagvormittag ein malerischer Bauernmarkt statt. An der kleinen Piazza Mondaglia steht die *Casa natale di Silvio Pellico*, das Geburtshaus des Patrioten und Dichters (1789–1854). Der weitere Weg zum **Castello** führt zunächst über kieselgepflasterte Gassen und Treppen, geht aber schließlich in die von gotischen Adelspalazzi und markgräflichen Repräsentationsbauten gesäumte Prachtstraße, die *Salita al Castello* über. Das *Castello* mit seinem zylindrischen Torturm diente 1821–1992 als Gefängnis und ist bis 2004 wegen Restaurierung und Umbaus zu einem Kulturzentrum geschlossen. In der *Salita al Castello* erhebt sich neben dem erst kürzlich restaurierten *Palazzo del Comune* (1462) die 48 m hohe **Torre Civica** (tgl. April–Sept. 9–12 und 15–18.30, sonst bis 17.30 Uhr) die einen ausgezeichneten Blick auf die umliegende Hügellandschaft und die Alpen bietet. Der benachbarte *Palazzo delle Arti Liberali* (Nr. 28) diente als markgräfliche Schule. Das Unterrichtsprogramm illustrieren die monochromen Fresken mit Personifikationen der ›Sieben freien Künste‹ des Mittelalters – Arithmetik, Geometrie, Astronomie, Dialektik, Musik, Grammatik und Rhetorik – und der Geschichte.

Mit wenigen Schritten gelangt man zur Kirche **San Giovanni** (tgl. 7.30–12 und 15–18 Uhr). An dieser Stelle befand sich ursprünglich eine kleine Kapelle, die ab 1320 zu einer dreischiffigen gotischen Stufenhalle, Teil eines Dominikanerklosters, ausgebaut wurde. Unter Ludovico I. und Ludovico II. wurde die Kirche 1472–1507 abermals vergrößert und mit einem neuen *Chor* versehen, der als Grablege der Markgrafen-Dynastie dienen sollte. Als Unterbau für den Chor mussten am Hang mächtige, eine Straße überwölbende Stützbauten errichtet werden. Die Kirche betritt man über eine auf halber Höhe des Baus ansetzende Treppe. Das *Innere,* von diesem erhöhten Standpunkt aus betrachtet, fasziniert durch den Raumeindruck und die kostbare Ausstattung. Die Fassaden-Innenwand zeigt Reste eines *Freskenzyklus* (15. Jh.) mit Szenen aus dem Leben Christi. Blickfang ist der von vier hohen Spitzbogenfenstern beleuchtete *Chor* mit filigranem grüngrauem Flamboyantmaßwerk. Die linke Nische bewahrt den mit feinen gotischen Reliefs verzierten *Sarkophag* von Ludovico II. (1508). Das gegenüberliegende Grab seiner Gattin Marguerite de Foix blieb leer, denn als ihr Sohn Giovanni Ludovico nach dem Tod des Vaters von der Erbfolge ausgeschlossen wurde, besetzte er Saluzzo und zwang sie 1528 die Stadt zu verlassen. Vom linken Seitenschiff gelangt man zum romantischen *Kreuzgang* und dem Kapitelsaal mit dem Wandgrab von Galeazzo Cavassa, bis 1483 Generalvikar der Grafschaft.

Dessen Wohnhaus, die **Casa Cavassa** (in restauro bis Ende 2003) nur wenige Meter neben der Kirche, gehört zu den schönsten Patrizierpalästen im Piemont. Cavassas Sohn Francesco ließ es ab 1520 im Stil der Renaissance umbauen. Über dem *Marmorportal* mit schönen farbigen Intarsien prangen der Leitspruch der ehrgeizigen Familie ›Droit quoy qu'il soit‹ (Immer geradeaus, was auch geschieht) und das Familienwappen, ein gegen den Strom schwimmender Fisch (piemontesisch *Chavasse*). Doch der Hausherr konnte sich des Palastes nicht lange erfreuen. Als enger Berater der Markgräfin Marguerite fiel er nach deren Vertreibung einem Giftanschlag zum Opfer. Die *Wandmalereien* im Inneren der Casa sind original, Mobiliar und die Kunstwerke hat der spätere Besitzer und Kunstsammler Marchese d'Azeglio Ende des 19. Jh. zusammengetragen. Interessant ist z. B.

*Der großzügige Mäzen Ludovico II. fand in San Giovanni in Saluzzo seine letzte Ruhe*

die illusionistische Deckenbemalung im ersten Saal, wo von einer Balustrade Höflinge und Putten herabschauen – ein Zitat aus der Camera degli Sposi im Palazzo Ducale von Mantua [s. S. 51]. Das bedeutendste *Gemälde* ist Hans Clemers ›Madonna della Misericordia‹ (1499), unter deren Schutzmantel die Markgrafenfamilie versammelt ist.

### Praktische Hinweise

**Information:** IAT, Via Griselda 8, Tel. 0 17 54 67 10, Fax 0 17 54 67 18, Internet: www.comune.saluzzo.cn.it

#### Hotel

******Astor**, Piazza Garibaldi 39, Tel. 0 17 54 55 06, Fax 0 17 54 74 50, Internet: www.mtrade.com/astor/. Schlichtes, aber komfortables Hotel mit Blick auf den Dom.

#### Restaurants

**La Gargotta del Pellico**, Piazzetta dei Mondagli 5, Tel. 0 17 54 68 33. Gediegenes Lokal mit innovativer Küche im Geburtshaus Silvio Pellicos (Di und Mi Mittag geschl.).

**L'Ostü dij Baloss**, Via Gualtieri 38, Tel. 01 75 24 86 18. Mit frischen Zutaten werden klassische Gerichte variiert, z. B. Brokkoli-Auflauf mit Taleggio-Käsecreme oder Gnocchi mit Porree (So und Mo Mittag geschl.).

## 30 Abbazia di Staffarda

*Stimmungsvolle Zisterzienserabtei.*

Auf aussichtsreicher Straße von Saluzzo nach Nordwesten fahrend erreicht man nach 10 km die in idyllischer Einsamkeit liegende Abbazia di Staffarda (tgl. 9–12.30 und 14–17, im Sommer bis 18 Uhr), eine der besterhaltenen Abteien im Piemont. Die romanisch-gotische Klosteranlage wurde 1135–1280 für Zisterziensermönche errichtet, die die umliegenden Sümpfe urbar machten. Innerhalb kurzer Zeit entwickelten sie hier ein blühendes *Landwirtschaftszentrum*, in dem Märkte und Handelsmessen abgehalten wurden.

Der Klosterkomplex umschließt drei hintereinander liegende Höfe. An der Südseite befindet sich der Hof mit der **Foresteria** (Pilgerherberge), bestehend aus einem weiträumigen zweischiffigen

*Schönheit in Backstein – über den einstigen Kreuzgang der Abbazia di Staffarda hinweg blickt man auf die Südseite der romanisch-frühgotischen Klosterkirche*

Speisesaal und darüber liegendem Schlafsaal. Dahinter öffnet sich der **Hof der Laienbrüder**, die vor allem handwerklichen Tätigkeiten nachgingen, und schließlich der **Mönchshof** mit dem backsteinroten *Kreuzgang*. Von ihm gelangt man zum Kapitelhaus mit dem *Dormitorium* und in das lang gestreckte *Refektorium*, wo die Mönche zum Essen zusammenkamen. Gemäß dem zisterziensischen Ideal bringt die Architektur ihre Funktionalität zur Geltung. Und so ist auch die Abteikirche **S. Maria** von klaren Formen geprägt. Einziges Schmuckelement im *Inneren* ist der Wechsel von roten und weißen Steinen an Pfeilern, Bögen und Rippen. Der monumentale *Flügelaltar* (1531) im Chor ist ein Werk des Ferrari-Schülers *Pascale Oddone*.

Wer nach der Besichtigung der eindrucksvollen Abtei etwas Stärkung braucht, kann sich in der *Klostergaststätte* (Mo geschl.) z. B. an den hausgemachten Maisplätzchen, der *Pasta di Meliga*, laben.

## TOP TIPP 31 Castello di Manta

*Eindrucksvolles Zeugnis höfischer Ritterkultur des Spätmittelalters.*

Ende des 13. Jh. errichteten die Markgrafen von Saluzzo knapp 6 km südlich ihrer Hauptstadt das **Castello di Manta** (Di–So 10–13 und 14–17, Febr.–Sept. bis 18 Uhr). Die äußerlich unscheinbare Burg – Anfang des 15. Jh. kam sie als Geschenk Markgraf Tommasos III. an seinen unehelichen Sohn Valerano – liegt heute inmitten einer schönen Parkanlage. Im *Inneren* birgt sie einen wunderbaren spätgotischen **Freskenzyklus**, der Einblick in das höfische Leben und die höfischen Ideale des 15. Jh. gibt. In Erinnerung an seinen Vater ließ Valerano um 1420 den Festsaal im zweiten Obergeschoss, die **Sala Baronale**, ausmalen. Als Vorlage diente der von Tommaso verfasste Versroman ›*Libre du Chevalier Errant*‹ (›Das Buch des fahrenden Ritters‹). Auf seiner abenteuerlichen Suche nach den großen ritterlichen Tugenden kommt der Romanheld schließlich in einen Saal, wo neun tapfere Figuren aus Mythologie und Geschichte die wichtigsten Tugenden höfischen Lebens personifizieren. Der **Zyklus der neun Helden und Heldinnen** von Manta stellt diesen Teil des Buches dar. Er beginnt rechts vom Kamin mit den antiken *Helden* Hektor, Alexander der Große und Julius Cäsar. Darauf folgt die Dreiergruppe mit Josua, David und Judas Makkabäus und schließlich die Triade mit König Artus, Karl dem Großen und Gottfried von Bouillon. Unmittelbar folgen nun die neun antiken

*Heldinnen*, unter ihnen die schöne streitbare Semiramis (4. von links) und die Amazonenkönigin Penthesilea (letzte Figur). Die eleganten Protagonisten, in Rüstungen und reiche Gewänder gekleidet, spiegeln die ritterlichen Ideale wider und die prunkvolle Mode, welche zu dieser Zeit am burgundischen Hof herrschten. Der Zyklus stellt gleichzeitig die *Ahnenreihe* der Saluzzer Markgrafen mit ihren Gemahlinnen dar. So trägt Hektor die Züge von Valerano, während Alexander der Große, der mit dem Finger auf diesen zeigt, seinen Vater Tommaso III. verkörpert. Für Penthesilea stand die Gattin Valeranos Modell.

Die gegenüberliegende Wand nimmt ein monumentales Fresko mit dem an damaligen Höfen so beliebten Sujet des **Jungbrunnens** ein. Mit Witz und Sarkasmus zeigt es, wie betagte Kaiser, Kardinäle, Adelige und Leute aus dem Volk zum Brunnen eilen, sich hastig ihrer Kleider entledigen, um ins Verjüngungsbad zu tauchen, aus dem sie dann als schöne junge Damen und Jünglinge emporsteigen, mit nichts anderem im Kopf, als dem anderen Geschlecht nachzustellen. Ebenfalls sehenswert sind die Räume des *ersten Geschosses*, die um 1570 mit Wandmalereien und Stuckdekorationen ausgestattet wurden.

Unterhalb am Berghang liegt ferner die **Burgkapelle** mit einem interessanten Freskenzyklus (um 1430/40) zu Leben und Passion Christi.

## 32 Cuneo

*Provinzhauptstadt mit Alpenblick.*

Ganz im Süden des Piemont liegt das geschäftige Cuneo (55 000 Einw.), *Hauptstadt* der gleichnamigen Provinz. Ihren Namen (*Cuneo* = Keil) verdankt sie der Lage auf einem keilförmigen, steil abfallenden Plateau zwischen den Flüssen Stura und Gesso. Von ihr führen wichtige Verbindungsstraßen zur ligurischen Küste und in die französischen Seealpen, daher war Cuneo seit dem Mittelalter eine heiß umkämpfte Festung, wurde häufig zerstört und unterstand immer wieder wechselnden Herrschern. Während des Zweiten Weltkrieges war sie schließlich eine Hochburg der *Resistenza* (Partisanenbewegung).

Das Stadtbild prägen heute vor allem Bauten aus dem 18./19. Jh. Mittelpunkt der schachbrettartig angelegten Stadt ist die arkadengesäumte **Piazza Galimberti**. Sie ist mit 24 000 m² einer der größten Plätze des Piemont und markiert den Übergang zwischen dem historischen

*Äußerst anschaulich schildert ein Wandgemälde im Castello di Manta, welche Auswirkungen ein Bad im Jungbrunnen vermutlich auch auf weise alte Leute hätte*

*Mit ihren 24 000 m² ist die Piazza Galimberti in Cuneo einer der größten Plätzes des gesamten Piemont* ▷

Zentrum entlang der Via Roma und der klassizistischen Neustadt längs der Via Nizza. Jeden Dienstag und Freitag ist *Markt*, dann verwandelt sich die Piazza in ein wogendes Meer aus Schirmen.

Von der schnurgeraden *Via Roma* geht es durch die rechts abzweigenden Seitengassen ins Herz des alten Cuneo. Vor allem rund um die **Via Mondovì** lassen Gebäude mit niedrigen Laubengängen und dunklen Innenhöfen, schmiedeeisernen Balkonen und mächtigen Portalen das Mittelalter wieder lebendig werden. Im ehem. Kloster *San Francesco* in der Via S. Maria 10 dokumentiert das sehenswerte **Museo Civico** (Di–Sa 8.30–13 und 14.30–17.30, So 10–12.30 und 14.30–17.30 Uhr) mit einer Sammlung von prähistorischen Funden, Schlachtengemälden und Trachten die Stadtgeschichte. Ein Stück weiter steht die von Francesco Gallo erbaute Barockkirche **Santa Croce** (1709–15). Mit ihrer konkaven Fassade und dem längselliptischen Hauptraum, der in einen querelliptischen Chor übergeht, ist sie ein Schmuckstück der Stadt.

### *Ausflüge*

Die reizvolle Umgebung von Cuneo bietet sich für Spazierfahrten an. Wer Barockarchitektur mit ihrer Vorliebe für bühnenhafte Wirkungen und illusionis-

*Ebenfalls gewaltig – das Wallfahrtsheiligtum Santuario di Vicoforte östlich von Cueno besitzt eine der größten Barockkuppeln Europas*

tische Effekte genießen möchte, sollte über Mondovì nach Osten ins 35 km entfernte *Vicoforte* fahren. Nach den Plänen von *Ascanio Vittozzi* und *Francesco Gallo* entstand in dem kleinen Wallfahrtsort 1596–1733 mit fast 6000 m² Wölbungsfläche einer der größten Kuppelbauten Europas, das **Santuario di Vicoforte** (tgl. 7–12 und 14.30–19 Uhr). Eine Herausforderung war auch die illusionistische *Ausmalung* der elliptischen Kuppel, die der Venezianer Mattia Bortoloni 1748 scheinbar mit Leichtigkeit bewältigte. Statt die ›Himmelfahrt Mariens‹ im Scheitelpunkt anzusetzen, brach er den Himmel effektvoll seitlich der Kuppellaterne auf.

Rund 24 km weiter südlich kann man in der wildromantischen Karstlandschaft des Valle Corsaglia die spektakuläre Tropfsteinhöhle von **Bossea** (tgl. 9–12 und 14–18 Uhr, Führungsdauer 1–1,5 Std.) besichtigen, die sich über einen Höhenunterschied von 116 m etwa 2 km weit in den Berg hinein erstreckt. Hier faszinieren bizarre Gesteinsformationen, Wasserfälle und kleine Seen.

## Praktische Hinweise

**Information:** IAT, Corso Nizza 17, Cuneo, Tel./Fax 01 71 69 32 58, Internet: www.cuneotourism.com

### Einkaufen

**Pasticceria Arione**, Piazza Galimberti 14, Cuneo. In dieser legendären Konditorei locken die seit 1923 patentierten *Cuneesi al rhum*, mit Rum gefüllte Schokoladenkugeln.

### Hotels

******Principe**, Piazza Galimberti 5, Cuneo, Tel. 01 71 69 33 55, Fax 0 17 16 75 62, Internet: www.hotel-principe.it. Luxushotel in altem Palazzo mit Blick auf die Piazza.

*****Royal Superga**, Via Pascal 3, Cuneo, Tel. 01 71 693 22 23, Fax 01 71 69 91 01. Gemütliches Hotel im historischen Zentrum mit freundlich eingerichteten Zimmern.

### Restaurants

**Osteria della Chiocciola**, Via Fossano 1, Cuneo, Tel. 0 17 16 62 77. Gut sortierte Enoteca und Restaurant nahe S. Croce mit ausgezeichneten Risotti und hausgemachten dünnen Tagliatelle in Sud, *Tajarin al sugo* (So geschl.).

**Corsaglia**, Corsaglia 27, Corsaglia, Tel. 01 74 34 91 09. Alteingesessenes Familienrestaurant mit traditionell-ländlichen Gerichten. Ein Traum sind die hausgemachte Pasta und die Desserts (Di geschl.).

# Valle d'Aosta – Bergdörfer, trutzige Burgen und majestätische Gipfel

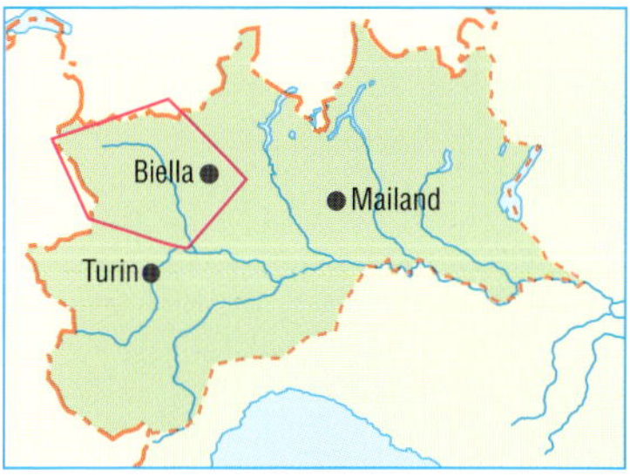


Im Valle d'Aosta schlägt das alpine Herz Italiens. Wie ein Diadem umschließen die höchsten Alpengipfel das vom Fluss Dora Baltea geschaffene Tal: im Westen der Mont Blanc (ital. Monte Bianco, 4807 m), im Norden der Grand Combin (4314 m), das Matterhorn (Cervino, 4478 m) und der Monte Rosa (4634 m) und im Süden der Gran Paradiso (4061 m). Die Gegend ist heute ein Dorado für Skifahrer, Kletterer, Wanderer und Naturfreunde und – im **Parco Nazionale del Gran Paradiso** – auch ein Refugium für Steinböcke, Gämsen und Königsadler. Zu den schönsten Erlebnissen gehört sicherlich die Fahrt mit der *Funivia del Monte Bianco*, der höchsten Seilbahn der Welt, von **Courmayeur** über den Gletscher des Mont Blanc nach Chamonix in Frankreich. Das Valle d'Aosta und seine Seitentäler verbinden Nordwesteuropa mit der Poebene, denn sie führen zu den wichtigen Pässen des *Großen* und *Kleinen St. Bernhard*. Mit einem Netz von Burgen sicherten einst die Adelsfamilien ihr Territorium, mal waren dies reine Zweckbauten wie bei den Festungen von **Bard** und **Verrès**, mal prunkvolle Residenzen wie im Fall von **Issogne** und **Fénis**. Das etwa in der Mitte des Tales an den Zugängen der Passstraßen liegende **Aosta** hatten bereits die Römer zur Grenzfestung ausgebaut, im Mittelalter wurde es dann zum Hauptort der Region.

## 33 Ivrea

*Das piemontesische Tor zum Aostatal: Wo Orangen zu Wurfgeschossen werden.*

Mittelalterliche Traditionen und wirtschaftliches *Know-how* prägen das kleine piemontesische Ivrea (24 000 Einw.), Auftakt zu einer Fahrt ins Aostatal. Berühmtheit genießt die Stadt wegen ihres **Karnevals**, der an die Rebellion der Bevölkerung gegen einen der mittelalterlichen Despoten erinnert. Das Spektakel beginnt am Faschingssonntag, wenn die Karren des Tyrannen durch die Stadt ziehen und auf das bewaffnete Fußvolk treffen. Die

TOP TIPP

*Waffen*, die bei der nun entbrennenden **Battaglia delle Arancie** verwendet werden, sind an die 3600 t Orangen. Mit ihnen bekämpfen sich die mehr als 3000 Mann starken Truppen bis weit in den Dienstag hinein. Das Fest endet am Mittwoch mit einem großen Polenta- und Kabeljau-Essen im charakteristisch-mittelalterlichen Viertel **Borghetto**.

Moderne ökonomische Maßstäbe setzt in Ivrea das 1908 gegründete Unternehmen *Olivetti*, das 1911 als erstes in Italien Schreibmaschinen produzierte und nach einem kometenhaften Aufstieg heute die führende Computer- und Telekommunikationsfirma des Landes ist.

Die strategisch günstige Lage machte Ivrea schon in der Antike zu einem begehrten Siedlungsort. Vom römischen Wachposten *Eporedia* zeugen allerdings nur noch die Reste des Amphitheaters westlich des Corso Botta. Das heutige Stadtbild beherrscht das vom Savoyer Amedeo VI. 1358–95 in Backstein erbaute viertürmige **Castello** (Sa 15–18, So 10.30–11.30 und 15–18 Uhr). Innerhalb seiner mächtigen Mauern befand sich bis ins 17. Jh. ein Gefängnis. Der unweit ge-

**Oben:** *Pittoreskes bäuerliches Idyll findet sich noch häufig im Val di Gressoney*

**Unten:** *Ein Besuch im Castello di Fénis lohnt sich schon allein, um das Fresko des ›Hl. Georg beim Drachenkampf‹ zu sehen*

legene **Duomo S. Maria Assunta** (tgl. 8–18 Uhr) wurde im 10. Jh. errichtet und später mehrfach umgebaut, heute trägt er eine klassizistische Fassade. Aus der Romanik stammen nur noch die flankierenden Glockentürme, die Krypta und der Vierungsturm. In der Vorhalle steht der *Giebelsarkophag* des Quästoren C. Atecius Valerius aus augusteischer Zeit.

Die Hauptsehenswürdigkeit von Ivrea befindet sich in der Kirche **San Bernardino** (Führungen auf Anfrage, Tel. 01 25 52 23 14), die heute auf dem Firmengelände von Olivetti in Bahnhofsnähe steht. Die Ende des 15. Jh. erbaute Saalkirche birgt einen ungemein expressiven *Freskenzyklus* (Anfang 16. Jh.) zu Leben und Passion Christi von *Giovanni Martino Spanzotti*. In seinem Bemühen um perspektivische Raumdarstellung und klassische Körperproportionen ist er der Frührenaissance verpflichtet.

## *Ausflüge*

Ein beeindruckendes Naturphänomen bietet die **Serra d'Ivrea**, die größte Endmoräne Europas, 10 km östlich von Ivrea. Als in prähistorischer Zeit der Gletscher des Dora Baltea abtaute, blieb der mehrere Kilometer lange und 400 m hohe Moränenwall stehen. Es bildete sich ein riesiger See, von dem heute zahlreiche kleinere Gewässer übrig geblieben sind, darunter die beiden hübschen Badeseen *Lago di Viverone* und *Lago di Candia*.

Im nordöstlich gelegenen Industriestädtchen **Biella**, seit jeher ein Zentrum der Woll- und Textilindustrie, kann man sich zunächst in einigen *Fabrik-Outlets* [s. u.] preiswert einkleiden. Danach geht es zum Spaziergang in die mittelalterliche Oberstadt *Biella Piazzo*, die man mit der Standseilbahn ab Piazza Curiel erreicht.

TOP TIPP Wunderschön ist eine Fahrt auf der 26 km langen Panoramastraße **Oasi Zegna** von Trivero (nordwestl. von Biella) nach Rosazza mit herrlichen Ausblicken auf den Monte Rosa, an dessen Hängen wahre Rhododendrenwälder kleben. 27 gekennzeichnete *Wanderwege* laden zur Erkundung der vielfältigen Flora und Fauna ein (Info: Pro Loco Trivero, Via Marconi 32, Trivero, Tel./Fax 0 15 75 61 29).

### Praktische Hinweise

**Information:** IAT, Corso Vercelli 1, Ivrea, Tel. 01 25 61 81 31, Fax 01 25 61 81 40, Internet: www.canavese-vallilanzo.it

**Einkaufen**

**Centro Zegna**, Via Marconi 44, Trivero (Biella). Direktverkauf: Die gesamte

*Christus im Tempel, auf dem Ölberg und am Kreuz – eindrucksvoll schildern die ausgezeichnet erhaltenen Fresken in San Bernardino Leben und Leiden Jesu*

*Biella Piazzo, die Oberstadt von Biella, lädt zum romantischen Abendspaziergang ein*

Zegna-Kollektion zu ›Fabrikpreisen‹ und 30–50 % verbilligte Stücke der letzten Saison.

**Diesel Factory Outlet**, Strada Trossi 10, Verrone (Biella). Die In-Marke im Direktverkauf zu erschwinglichen Preisen.

**Lanificio F.lli Cerruti**, Via Cernaia 40, Biella. Direktverkauf von Herrenanzügen und Tailleurs, Jeans, Sporthemden, Poloshirts in klassisch-elegantem Stil zu stark herabgesetzten Preisen.

### Hotel

TOP TIPP ******Castello San Giuseppe**, Chiaverano d'Ivrea (5 km nördl. von Ivrea), Tel. 01 25 42 43 70, Fax 01 25 64 12 78, Internet: www.castellosangiuseppe.it. Romantisches Hotel in einem früheren Kloster mit schönen Ausblicken auf die umliegenden Seen.

### Restaurants

**Acquila Antica**, Via Gozzano 37, Ivrea, Tel. 01 25 64 13 64. Elegantes Hotelrestaurant mit frischer piemontesischer Küche und ordentlichen Portionen (So geschl.).

**Baracca**, Via S. Eusebio 12, Biella, Tel. 01 52 19 41. Alteingesessenes Lokal mit guter Hausmannskost und großer Antipasti-Auswahl (Sa/So geschl.).

## 34 Bard, Issogne, Verrès und Fénis

*Stolze Trutzburgen, prunkvolle Residenzen.*

Im Aostatal kommen Burgenfans auf ihre Kosten. Schon in der Antike führte hier die wichtige Verbindungsstraße längs des Flusses Dora Baltea zu den Alpenpässen des Großen und Kleinen St. Bernhard. An diese Zeit erinnern unweit des südöstlichen Taleingangs die 23 m hohe Römerbrücke (1. Jh. v. Chr.) von *Pont-St-Martin*, die noch bis 1831 befahren wurde, und in *Donnas* die 222 m lange, in den Berg eingeschnittene Trasse einer Römerstraße mit Meilenstein und Originalpflasterung. Von den zahlreichen Burgen, die im Mittelalter zur Sicherung des Valle d'Aosta und seiner Nebentäler errichtet wurden, sind mehr als 130 erhalten.

Etwas nordwestlich von Donnas thront auf einem einsamen Felsklotz die imposante **Forte di Bard** (Sa–Do 10–13 und 15–18, im Winter Sa–Do 9–12 und 14–18 Uhr), die bereits im 11. Jh. als Zollstation errichtet wurde. Nach ihrer Zerstörung unter Napoleon wurde sie von den Savoyern zwischen 1830–38 als mächtige Zitadelle wieder aufgebaut. Wie eine zweite Haut umhüllen die kolossalen Mauern und Bastionen den gesamten Felsen, hinter ihnen verbergen sich weitläufige Kasematten, Exerzierplätze und labyrinthische Gänge.

Doch nicht alle Burgen waren auch Wehrfestungen. Manche wie das TOP TIPP **Castello d'Issogne** (März–Juni/Sept. tgl. 9–19, Juli/Aug. tgl. 9–20, Okt.–Febr. Mo/Di, Do–Sa 10–12.30 und 13.30–17, So/Fei bis 18 Uhr, Tel. 01 65 23 66 27) weiter nördlich am linken Flussufer dienten in Friedenszeiten als prunkvolle Residenz. Das Kastell gehörte den *Challant*, der mächtigsten valdostanischen Adelsfamilie. Ab 1480 ließ sie die ursprünglich gotische Burg zum repräsentativen Renaissance-Palast ausbauen. Durch ein reich gegliedertes gotisches Portal betritt man den *Schlosshof* mit einem Brunnen (um 1500), dessen Wasser aus einem geschmiedeten Granatapfelbaum rinnt. Unter den Arkaden faszinieren die detailreichen und humorvollen *Fresken* (1499–1509) mit zeitgenössischen Genreszenen, z. B. in einer Wachstube, Pastetenbäckerei, Apotheke und Metzgerei. Sehenswert sind auch die teilweise noch original möblierten Innenräume des Schlosses wie der *Saal der*

*Im Arkadengang um den Innenhof des Castello d'Issogne zeigen höchst interessante Fresken das Alltagsleben des frühen 16. Jh., etwa den Einkauf beim Apotheker*

*Barone* im Erdgeschoss, dessen Wände großartige illusionistische Fresken mit Landschaftsdarstellungen, Jagdmotiven und höfischen Szenen schmücken, oder der *Königssaal* im ersten Stock mit einer liliengeschmückten Kassettendecke.

Wieder auf der Straße Richtung Aosta erreicht man nach wenigen Kilometern den malerischen Ort *Verrès* am Eingang des Val d'Ayas. In dieser strategisch wichtigen Position erbauten die Challant 1360–90 ihre erste Burg, das **Castello di Verrès** (März–Juni, Sept. tgl. 9–19, Juli/Aug. tgl. 9–20, Okt.–Febr. Mo/Di, Do–Sa 10–12.30 und 13.30–17, So/Fei bis 18 Uhr) vor imposanter Bergkulisse. Dem schmucklosen Kubus fügten sie Mitte des 16. Jh. einen Bastionengürtel hinzu. Architektonisch interessant sind im gut erhaltenen *Inneren* die von Arkaden gestützten Treppenaufgänge von einem Stockwerk zum nächsten.

*Zinnen, Erker, Mauerring – das Castello di Fénis hat das Zeug zu einer Märchenburg*

Zwischen dem pyramidalen Monte Zerbion und der mächtigen Wohnburg Ussel liegt der Kurort St-Vincent. Von den Römern wurde er wegen seiner Heilquellen geschätzt, heute locken eher die 90 filzgrünen Spieltische und die über 500 Slot-machines im *Casinò de la Vallée*.

Noch weiter in Richtung Aosta thront das **Castello di Fénis** (März–Juni, Sept. tgl. 9–19, Juli/Aug. tgl. 9–20, Okt.–Febr. Mo/Di, Do–Sa 10–12.30 und 13.30 –17, So/Fei bis 18 Uhr) mit seinem doppelten, zinnenbewehrten Mauerring. Es beschließt das Dreigestirn der Challant-Burgen. Im 12. Jh. in wunderbarer Panoramalage erbaut und im 14. Jh. zur Residenz umgestaltet, beherbergt es heute das Möbelmuseum *Museo del Mobile valdostano*. Im hübschen *Innenhof* mit umlaufender Holzgalerie prangen *Fresken* im sog. Weichen Stil der Spätgotik mit der Darstellung des ›Hl. Georg beim Drachenkampf‹, einem Fries von Weisen und Propheten mit erbaulichen Spruchbändern, aber auch eine Schilderung des Martyriums der hl. Apollonia, der man mit einer Zange die Zähne einzeln ausgerissen hatte.

**Praktische Hinweise**

**Hotels**

*****Ponte Romano**, Piazza IV. Novembre 14, Pont-St-Martin, Tel. 01 25 80 43 29, Fax 01 25 80 71 08. Kleines freundliches Hotel in der Nähe der römischen Brücke mit Restaurant.

*****Comtes de Challant**, Ortsteil Chez Sapin 95, Fénis, Tel. 01 65 76 43 53, Fax 01 65 76 47 62, Internet: www.hcdc.it. Modernes Hotel im rustikalen Stil zu Füßen des Schlosses, mit Restaurant.

**Restaurant**

**Da Pierre**, Via Martorey 73, Verrès, Tel. 01 25 92 93 76. Valdostanische Küche vom Feinsten mit der herausragenden *Mocetta* (Wurst) vom Hirsch und *Lardo di Arnad*, weißem ungeräuchertem Speck (Di geschl.).

## 35 Val di Gressoney und Breuil-Cervinia

*Skiparadiese mit Blick auf Alpenriesen.*

Am Ende des vom Aostatal abzweigenden **Val di Gressoney** (34 km) liegen zu Füßen des Massivs Monte Rosa (4637 m) die Orte *Gressoney-St-Jean* (1385 m) und *Gressoney-la-Trinité* (1637 m). Ein 300 km langes Pistennetz zwischen Gressoney, dem Val d'Ayas und Alagna Valsesia im Piemont, eine 3 km lange Höhenloipe (2004 m) und zahlreiche Möglichkeiten zum Off-Piste-Skiing machen dieses Skigebiet zu einem Sportdorado.

In den Sommermonaten kann man die Region auf markierten *Rundwanderwegen* erkunden, die auch *Courmayeur* [s. S. 133] im westlichen Valle d'Aosta einschließen.

Ein weiteres beliebtes Skiparadies ist **Breuil-Cervinia** (2050 m) am Ende des 27 km langen Tales *Valtournenche* und am Fuß der unverwechselbaren Bergpyramide des *Matterhorns* (ital. Cervino, 4478 m). Die 170 Pistenkilometer, eine spektakuläre Abfahrt vom Plateau Rosa

*Auf den Wochenmärkten im Valle d'Aosta verlocken heimische Produkte zum Kauf*

auf 3480 m Höhe (11 km lang, mit 1475 m Höhenunterschied) nach Valtournenche oder ins schweizerische Zermatt sowie der *Snow Park* in Plan Maison (2555 m) lassen die eher unattraktive moderne Architektur des Ortes schnell vergessen.

**Praktische Hinweise**

**Information:** APT Monterosa Walser, Gressoney-St-Jean, Tel. 01 25 35 51 85, Fax 01 25 35 58 95.– APT Breuil-Cervinia, Tel. 01 66 94 91 36, Fax 01 66 94 97 31, Internet: www.breuil-cervinia.com, www.adac.de/skiguide

## 36 Aosta

*Eindrucksvolle römische Stadtanlage und bedeutende Kirchen inmitten des Tals.*

Knapp ein Drittel aller Valdostaner lebt im geschäftigen Aosta (35 000 Einw.), Hauptstadt der Autonomen Region. Hier werden noch Traditionen gepflegt und dazu gehört z. B. Französisch als zweite Amtssprache, was auch Straßen- und Gebäudenamen widerspiegeln. Die herrliche Berglandschaft der Umgebung und die nahen Wintersportgebiete machen Aosta zum idealen Ferienstandort.

***Geschichte*** Die günstige Lage zwischen den Flüssen Dora Baltea und Buthier sowie an der Kreuzung der Routen zum Mont Blanc und zum Großen St. Bern-

*Auch in Aosta hinterließen die Römer Spuren, hier in Form eines Triumphbogens*

hard rief schon früh Siedler und Strategen auf den Plan. Nach verlustreichen Kämpfen gegen die hier ansässigen keltischen *Salasser* gründeten die Römer 25 v. Chr. *Augusta Praetoria* als militärischen Vorposten und römische Musterstadt. Die schachbrettartige Anlage und zahlreiche römische Bauten prägen noch heute die Altstadt. Ab dem 11. Jh. entwickelte sich Aosta zum politischen und religiösen Zentrum des Valle d'Aosta. Mit ihm als erstem Lehen begann hier auch der Aufstieg des Hauses *Savoyen*. Als dieses jedoch Turin 1563 zur Hauptstadt erklärte, gerieten Aosta und Region ins Hintertreffen und waren bald Einfallschneise für die Franzosen. Spätestens seit *Napoleons Invasion* 1800 wurden die französischen Traditionen des Tales als politischer Makel betrachtet. Während des *Risorgimento* tolerierte man sie zwar noch, doch im Faschismus wurden sie unterdrückt und fortan bildete das Aostatal einen fruchtbaren Boden für antifaschistische und separatistische Strömungen. Um eine drohende Abspaltung von Italien zu verhindern, gestand man ihm und seiner Hauptstadt Aosta gleich nach dem Zweiten Weltkrieg den Autonomiestatus zu.

*Die romanischen Fresken in SS. Pietro e Orso beeindrucken durch feierlichen Ernst*

***Besichtigung*** Auftakt eines Stadtspaziergangs ist der **Triumphbogen des Augustus** (25 v. Chr.). Er wurde anlässlich des römischen Sieges über die Salasser vor den damaligen Toren der Stadt an der Straße nach Ivrea errichtet. Über die Via S. Anselmo und die rechts abzweigende Via dell'Orso erreicht man den monumentalen Klosterkomplex **SS. Pietro e Orso** (Mai–Sept. tgl. 9–19, sonst tgl. 10–17 Uhr). Er geht auf das 6. Jh. zurück, wurde aber später mehrfach erneuert. Seine endgültige Ausgestaltung im spätgotischen Stil erfuhr er 1490–1510 unter Prior *Giorgio di Challant*. Aus dieser Zeit stammen die eindruckvolle Fassade der *Stiftskirche*, über deren Hauptportal ein markanter Giebel prangt, sowie das Kreuzrippengewölbe und das schön geschnitzte Chorgestühl im dreischiffigen Inneren. Vom romanischen Ursprungsbau haben sich die fünfschiffige Krypta unter dem Chor und ein *Freskenzyklus* (um 1000) erhalten, der 1941 im Mittelschiff oberhalb der gotischen Gewölbe gefunden wurde. Man kann ihn über eine moderne Treppe erreichen und in Begleitung eines Kustoden besichtigen. Die byzantinisch inspirierten Wandbilder erzählen in ungewöhnlich expressivem Stil Episoden aus dem Leben der Apostel und einiger Märtyrer. Ein weiteres Kleinod ist der romanische *Kreuzgang* (1133–55), der vermutlich von lombardischen Steinmetzen aus Como gestaltet wurde. Die vierzig Säulen tragen meisterhaft skulptierte Figurenkapitelle mit Szenen aus dem Alten und Neuen Testament sowie aus dem Leben des hl. Orso.

Wieder auf der Via S. Anselmo erreicht man nach wenigen Schritten die römische **Porta Pretoria**, das östliche Eingangstor in die Altstadt. Einen der Türme, die das Tor flankierten, baute eine Adelsfamilie im Mittelalter zur Wohnburg um. Sie waren nicht die einzigen, wie die zahlreichen *Geschlechtertürme* längs der einstigen Stadtmauer belegen.

*Fast verloren nehmen sich die Häuser vor der großartigen Berglandschaft der Alpen aus und doch ist Aosta die größte Ansiedlung des nach ihm benannten Tales*

Gleich hinter der Porta liegen rechts die eindrucksvollen Ruinen des **Teatro Romano** (März – Sept. 9 – 20 Uhr, Okt. – Febr. 9 – 18.30 Uhr). Mächtig ragt die 22 m hohe Stützwand der *Zuschauerränge* auf, die einst etwa 3500 Sitzplätze boten. Die besten Plätze befanden sich vorne in der *Orchestra* und waren mit Marmor verkleidet. Davor erhob sich das zweigeschossige *Bühnengebäude*, Aufführungsort klassischer Komödien und Tragödien.

Über einen Portikus war das Theater mit dem benachbarten **Amphitheater** verbunden, in dem das Volk mit Gladiatorenkämpfen und Tierhatzen bei Laune gehalten wurde. Die Anlage wurde jedoch größtenteils vom Kloster S. Caterina überbaut.

Das römische *Forum* befand sich vermutlich nahe der heutigen *Piazza Giovanni XXIII.* An ihrer Nordostseite stieß man in 2 m Tiefe auf einen weitläufigen, unterirdischen Gewölbegang, den sog. **Kryptoportikus** (tgl. 10–12 und 14.30–18, im Winter tgl. 9–16.30 Uhr) mit zweischiffigen Hallen und den Fundamenten eines Tempels. Vermutlich wurde er während der römischen Eroberungskriege als Vorratslager genutzt und später als Markthalle.

Bereits um 450 errichtete man beim Forum die erste Bischofskirche, die **Cattedrale S. Maria** (tgl. 6.30 – 12 und 15 – 19 Uhr). Im 11. Jh. erfolgte der Neubau, der selbst später mehrfach verändert wurde. Nicht gerade ein Gewinn war die klassizistische *Giebelfassade* des 19. Jh., die der mit Fresken und Terrakottafiguren geschmückten Renaissancefront vorgeblendet wurde. Schlicht präsentiert sich das dreischiffige *Innere*, wo Teile der Ori-

*Der Atem der Geschichte weht gewissermaßen über die Ruinen des Teatro Romano*

ginalausstattung wieder sichtbar gemacht wurden, z. B. die farbigen Mosaiken (12. Jh.) beim Hochaltar und Reste eines Baptisteriums unter dem Mittelschiff. Auch hier stieß man in der Gewölbezone auf einen *Freskenzyklus* (1030–40) aus ottonischer Zeit, vermutlich ausgeführt von den Meistern des San-Orso-Zyklus. Sie zeigen Szenen aus dem Leben des hl. Eustachius sowie die sieben Plagen Ägyptens. Sehenswert sind auch das spätgotische *Chorgestühl* und das *Museum* (April–Sept. Di–Sa 9–11.30 und 15–17.30, So eingeschränkt, Okt.–März nur So) im Chorumgang mit Gold- und Silberschmiedearbeiten und einem Elfenbeindiptychon von Kaiser Honorius (406).

### Ausflüge

Burgen wachen über die Straße nach Courmayeur: das *Castello di Aymavilles* mit seinen zinnenbewehrten Rundtür-

*Der Parco Nazionale Gran Paradiso bietet Steinböcken ein geschütztes Refugium*

## Wanderung durchs Paradies

*Zwischen dem Piemont und dem Valle d'Aosta liegt der erste und wohl bekannteste Nationalpark Italiens,* TOP TIPP *der* **Parco Nazionale Gran Paradiso**. *Das Lieblingsrevier des jagdfreudigen Königs Vittorio Emanuele II. (1820–1878) wurde 1992 zum Schutz der vom Aussterben bedrohten Steinböcke als Nationalpark eingerichtet und umfasst heute 70 000 ha. Vor der weiß glitzernden Kulisse des Gran Paradiso (4061 m), dem einzigen Viertausender auf italienischem Boden, tummeln sich in freier Wildbahn seither wieder unzählige Murmeltiere, Gämsen, Luchse, Hermeline und inzwischen auch an die 3000 Steinböcke. Ein guter Beobachtungspunkt ist der* **Gran Piano di Noasca** *im Süden des Parks.*

*Das Gebiet ist aber auch ein Paradies für Wanderer: Ein dichtes Netz gut markierter Wege (ca. 470 km) und zahlreiche Berghütten (Info: Club Alpino Italiano,* *s. S. 133**) überziehen die Landschaft. Sie wird charakterisiert durch reizvolle Täler mit kristallklaren Bergseen (vor allem beim Colle del Nivolet im Südwesten des Parks), ausgedehnte Lärchen-, Fichten- und Tannenwälder, herrliche Bergwiesen und Gletscher. Von Aosta aus führen die Täler Val di Rhêmes, Valsavarenche und Valle di Cogne direkt in den Park hinein. Ein guter Ausgangspunkt für Wanderungen ist das hübsche* **Cogne**, *wo sich auch das sehenswerte Bergbaumuseum, Museo minerario alpino (Mai–Mitte Juni/16.–30. Sept. Di–So 10–12.30 und 14.30–18, Mitte Juni–Mitte Sept. tgl. 10–20 Uhr), befindet. Nicht versäumen sollte man einen Besuch des schönen botanischen Gartens* **Giardino Alpino Paradisia** *(Juni–Sept. 9–12.30 und 14.30–18.30 Uhr) in Valnontey auf 1700 m Höhe, in dem an die 1200 Arten einheimischer und exotischer Bergpflanzen wachsen.*

**Info:** *Segreteria Turistica del Parco, Via Umberto I. 1, Noasca, Tel. 01 24 90 10 70, Fax 01 24 90 10 70, Internet: www.parks.it*

men, das *Castello di Sarre*, prunkvolles Jagdschloss von Vittorio Emanuele II., und das ›Märchenschloss‹ von *St-Pierre* mit einem sehenswerten Naturkundemuseum, dem *Museo regionale di Scienze naturali della Valle d'Aosta* (Mitte März – Mitte Okt. tgl. 9-19 Uhr). Von **Pré-St-Didier**, das bereits in der Antike für seine Heilquellen bekannt war, lohnt ein Abstecher in das landschaftlich besonders schöne Tal des Kleinen St. Bernhard nach **La Thuile**, Ausgangspunkt für herrliche Wanderungen z. B. zum *Lago di Rutor* mit seinen spektakulären Wasserfällen (ca. 1 Std.).

Als ›Perle der Alpen‹ gilt der Wintersportort **Courmayeur** (1200 m) in einer natürlichen Muschel zu Füßen des 9 km entfernten Mont Blanc, einst Sommerfrische des piemontesischen Königshauses und seit Ende des 19. Jh. Wiege des Alpinismus. Auch wenn die Geschäfte an der *Via Roma* immer mehr den Dependancen namhafter internationaler Stylisten ähneln, hat der Ort seinen alpinen Charakter und seinen diskreten Charme bewahren können. Unvergesslich ist die

TOP TIPP

Fahrt (1,5 Std.) mit der höchsten Seilbahn der Welt, der **Funivia del Monte Bianco**, ab Palud (bei Entrèves, 3 km nördl. von Courmayeur) über den Gletscher des Mont Blanc bis zur Punta Heilbronner (3321 m) und dann auf die französische Seite der Alpen nach Chamonix (Info-Tel. 0 16 58 99 25, die Verbindung von Punta Heilbronner nach Aiguille du Midi ist nur Juni bis Sept. in Betrieb).

## Praktische Hinweise

**Information:** APT, Piazza Chanoux 8, Aosta, Tel. 01 65 23 66 27, Fax 0 16 53 46 57, Internet: www.regione.vda.it/turismo

### Hotels

****Gallia Gran Baita**, Strada Larzey, Courmayeur, Tel. 01 65 84 40 40, Fax 01 65 84 48 05, Internet: www.sogliahotels.com. Elegantes Hotel mit kleinem Garten und Pool. Zimmer mit modernem Komfort und Stilmöbeln (Frühsommer und Herbst einige Wochen geschl.).

***Hotel Bus**, Via Malherbes 18, Tel. 01 65 23 69 58, Fax 01 65 23 69 62. Moderner Bau in zentraler Lage mit Sauna, Fitnesscenter und Restaurant.

**Agriturismo Les Ecureuils**, St-Pierre, Ortsteil Homenè Dessus 8 (ca. 8 km), Tel. 01 65 90 38 31, Fax 01 65 90 98 49. Familienbetrieb mit Berghüttenatmosphäre auf 1500 m Höhe, dazu Halbpension mit Speisen aus hauseigenen Produkten (Mitte Jan.–Febr. geschl.).

### Restaurants

**La Clotze**, Courmayeur, Ortsteil Planpincieux 21, Tel. 01 65 86 97 20. Hier kann man die kräftigen Spezialitäten der Region kosten: *Mocetta, Lardo di Arnad, Polenta Concia* sowie gute Wildgerichte (Mi geschl.).

**Osteria dell'Oca**, Via Aubert 15, Aosta, Tel. 01 65 23 14 19. Das gut besuchte Lokal steht im Zeichen der Gans, es gibt aber auch andere typische valdostanische Gerichte. Krönender Abschluss sind stets die Nachspeisen, z. B. Kastanien-Eiscreme und heiße Schokolade (Mo geschl.).

**Trattoria da Nando**, Via De Tillier 41, Aosta, Tel. 0 16 54 44 55. Hervorragende regionale Speisen, darunter allein 16 verschiedene Polenta-Gerichte (Mo geschl.).

**Trattoria degli Artisti**, Via Maillet 5–7, Aosta, Tel. 0 16 54 09 60. Bodenständige Küche inklusive vegetarischer Gerichte für den Gaumen, an den Wänden moderne Kunst für die Augen (So und Mo Mittag geschl.).

*Vom Valle d'Aosta aus kann man den Mont Blanc bequem per Seilbahn erobern*

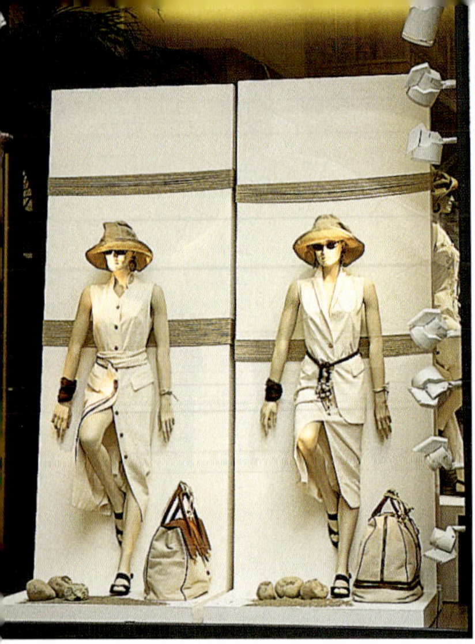

SCUOLA DI SCI
CENTRO TIM
NOLEGGIO
DEPOSITO
SCI

# Piemont, Lombardei, Valle d'Aosta aktuell A bis Z

## Vor Reiseantritt

**ADAC Info-Service:**
Tel. 0 18 05/10 11 12, Fax 30 29 28
(0,12 €/Min.)

**ADAC-Schneetelefon:**
Tel. 0 18 05/23 22 21 (0,12 €/Min.),
Fax 0 19 06/67 07 00 40 84
(0,42 €/Min.),
Internet: www.adac.de/skiguide

**ADAC im Internet:**
www.adac.de
www.adac.de/reisefuehrer

**Piemont im Internet:**
www.regione.piemonte.it/turismo

**Lombardei im Internet:**
www.inlombardia.it

**Valle d'Aosta im Internet:**
www.regione.vda.it
www.aostavalley.com

Informationen erteilt das **Staatliche Italienische Fremdenverkehrsamt ENIT** (Ente Nazionale Italiana per il Turismo):

Internet: www.enit.it

*Prospektbestellung:*
Tel. 0 08 00 00 48 25 42 (gebührenfrei)
*Call-Center innerhalb Italiens:*
Tel. 8 00 11 77 00 (gebührenfrei)
*Call-Center für Piemont:*
Tel. 8 00 329 329 (gebührenfrei)

*Deutschland*
Kontorhaus Mitte, Friedrichstr. 187,
Tel. 0 30/2 47 83 98, Fax 2 47 83 99,
E-Mail: enit-berlin@t-online.de

Kaiserstr. 65, 60329 Frankfurt/Main,
Tel. 0 69/23 74 34, Fax 23 28 94,
E-Mail: enit.ffm@t-online.de

Goethestr. 20, 80336 München,
Tel. 0 89/53 13 17, Fax 53 45 27,
E-Mail: enit-muenchen@t-online.de

*Österreich*
Kärtnerring 4, 1010 Wien,
Tel. 01/505 16 39/0, Fax 505 02 48,
E-Mail: delegation.wien@enit.at

*Schweiz*
Uraniastr. 32, 8001 Zürich,
Tel. 0 12 11 30 31, Fax 0 1211 38 85,
E-Mail: enit@bluewin.ch

## Allgemeine Informationen

### Reisedokumente

Reisepass oder Personalausweis, für Kinder unter 16 Jahren ein Kinderausweis oder Eintrag im Elternpass.

### Kfz-Papiere

Neben Führerschein und Fahrzeugschein empfiehlt es sich, die *Internationale Grüne Versicherungskarte* mitzunehmen. Wer einen fremden Wagen fährt, benötigt eine Vollmacht des Fahrzeughalters.

*In den nordwestitalienischen Provinzen kann jeder nach seiner Fasson glücklich werden: Modebewusste in Mailand, Hutträger bei Borsalino in Alessandria, Historienfans beim Palio in Asti, Gourmets angesichts von frischem Gorgonzola, Windsurfer am Gardasee und Skihasen beim Sonnenbad in Sestriere*

### Krankenversicherung und Impfungen

Die *Auslandskrankenscheine* der deutschen und österreichischen Krankenkassen (E 111) garantieren eine kostenlose Behandlung in den öffentlichen Krankenhäusern und bei Vertragsärzten. Allerdings muss man diese vorher bei der örtlichen ASL (Azienda Sanitaria Locale) abstempeln lassen, um das Heft mit den Berechtigungsscheinen zu erhalten. Zusätzlich sollte man eine *Auslands-Reisekrankenversicherung* abschließen.

Für **Haustiere** benötigt man ein höchstens 30 Tage altes tierärztliches Gesundheitszeugnis und eine Tollwutschutzbescheinigung (mind. 20 Tage, max. 11 Monate alt).

### Zollbestimmungen

*Reisebedarf* für den persönlichen Gebrauch obliegt innerhalb der EU keinen Beschränkungen und darf abgabenfrei eingeführt werden. Es gelten allerdings *Richtmengen* für den Privatreisenden: 800 Zigaretten, 400 Zigarillos, 200 Zigarren, 1 kg Tabak, 10 l Spirituosen, 20 l Zwischenerzeugnisse, 90 l Wein (davon max. 60 l Schaumwein), 110 l Bier.

Bei Reisen in und durch **Drittländer** (Schweiz) dürfen zollfrei mitgeführt werden: 1 Stange Zigaretten, 1 l Spirituosen über 22 % oder 2 l Spirituosen unter 22 %, 50 ml Parfum, 250 ml Eau de Toilette, 500 g Kaffee und 100 g Tee.

## Geld

Die gängigen *Kreditkarten* und *Reiseschecks* werden in Banken, Hotels und in den meisten Geschäften akzeptiert. An zahlreichen *EC-Geldautomaten* kann man rund um die Uhr Geld abheben. Auch mit der *Postbank SparCard* erhält man an VISA-PLUS-Automaten rund um die Uhr Geld (max. 2000 € im Monat).

## Tourismusämter im Land

Die Tourismusämter und Informationsbüros in der Lombardei, dem Piemont und Valle d'Aosta sind im Haupttext unter **Praktische Hinweise** bei den jeweiligen Punkten angegeben.

## Notrufnummern und Adressen

**Polizeinotruf, Unfallrettung:** Tel. 113

**Polizei** (Carabinieri): Tel. 112

**Feuerwehr** (Vigili del Fuoco): Tel. 115

**Pannendienst des ACI** (Soccorso Stradale): Tel. 80 31 16, Mobil: 8 00 11 68 00 (rund um die Uhr, mehrsprachig). Man achte auf die gelben Notrufsäulen auf den Autobahnen (ca. alle 2 km).

**ADAC-Notrufstation Mailand:**
Tel. 02 66 15 91 (rund um die Uhr, mehrsprachig)

**ADAC-Notrufzentrale München:**
Tel. 00 49/89/22 22 22 (rund um die Uhr)

**ADAC-Ambulanzdienst München:**
Tel. 00 49/89/76 76 76 (rund um die Uhr)

*Österreichischer Automobil Motorrad und Touring Club*
**ÖAMTC Schutzbrief-Nothilfe:**
Tel. 00 43/(0)1/2 51 20 00

*Touring Club Schweiz*
**TCS Zentrale Hilfsstelle:**
Tel. 00 41/(0)2 24 17 22 20

Bei Unfällen mit *Sachschäden* ist es dringend erforderlich, Versicherung und Versicherungsnummer des Unfallgegners zu notieren. Bei Personenschaden muss die Polizei verständigt werden.

## Diplomatische Vertretungen

*Deutschland*
**Generalkonsulat**, Via Solferino 40, Mailand, Tel. 0 26 23 11 01, Fax 0 26 55 42 13, E-Mail: consgermmilano@libero.it

**Honorarkonsulat**, Corso Vittorio Emanuele II. 98, Turin, Tel./Fax 0 11 53 10 88

*Österreich*
**Generalkonsulat**, Piazza del Liberty 8, Mailand, Tel. 02 78 37 43, Fax 02 78 36 25

**Honorarkonsulat**, Corso Matteotti 28, Turin, Tel. 01 15 63 58 76, Fax 01 15 63 41 94

*Schweiz*
**Generalkonsulat**, Via Palestro 2, Mailand, Tel. 0 27 77 91 61, Fax 02 76 01 42 96

## Besondere Verkehrsbestimmungen

*Tempolimits* (in km/h): Für Pkw, Motorräder und Wohnmobile gilt innerorts 50, außerorts 90, auf Schnellstraßen 110 und auf Autobahnen 130. Für Wohnmobile über 3,5 t gilt außerorts 80, auf Autobahnen 100; Pkw mit Anhänger dürfen außerorts und auf Schnellstraßen max. 70, auf Autobahnen 80 fahren.

Motorrad- und Mopedfahrer müssen immer mit *Abblendlicht* fahren, Autofahrer nur auf Autobahnen.

Es besteht *Anschnallpflicht* und für Lenker und Mitfahrer von Zweiradfahrzeugen *Sturzhelmpflicht*. Kinder unter 12 Jahren müssen auf dem Rücksitz befördert werden. Das *Telefonieren* während der Fahrt ist nur mit Freisprechanlage erlaubt. Das Nationalitätenkennzeichen ist Pflicht, es sei denn, das Fahrzeug besitzt ein EU-Kennzeichen.

Die *Promillegrenze* liegt bei 0,5.

Öffentliche *Parkplätze* sind durch weiße oder blaue Markierungen gekennzeichnet. Die ›blauen‹ Parkplätze sind gebührenpflichtig.

**Wichtig:** Jede Ladung, die nach hinten überragt (Surfbretter, Boote, Fahrradständer), muss mit einer 50 × 50 cm großen rot-weiß-roten reflektierenden Warntafel (ggf. mit Rückstrahlern) versehen sein. Keine Ladung darf über die Vorderkante des Fahrzeugs hinausragen.

# Anreise

## Auto

Umfangreiches **Informations-** und **Kartenmaterial** können ADAC-Mitglieder kostenlos bei den ADAC-Geschäftsstellen oder unter Tel. 0 18 05/10 11 12 (0,12 €/Min.) anfordern. Außerdem sind im ADAC Verlag erschienen: CityPlan *Mai-land*, ADAC LänderKarte *Norditalien* (1:500 000), ADAC ReiseAtlas *Deutschland/Europa* (1:200 000), ADAC TravelAtlas *Europa* (1:750 000). Internet: www.adac.de/karten.

Die wichtigsten **Routen** aus Deutschland führen durch Österreich über den Brenner und dann ab Verona auf der A 4 Richtung Mailand oder ab Bozen auf der Nationalstraße 42 (N 42) zum Comer See bzw. ab Trient auf der N 45 über den Gardasee nach Brescia. Für Reisende aus dem Norden oder Südwesten Deutschlands empfiehlt sich der Weg über die Schweiz via Splügenpass, St. Gotthard-Tunnel oder Simplonpass bzw. über Lindau, Chur, San Bernardino Pass.

Die österreichischen und Schweizer Autobahnen sind **mautpflichtig** (Vignetten beim ADAC, an Tankstellen und Grenzstationen). Die Autobahngebühren in Italien richten sich nach der Wagenklasse. Mit der bargeldlosen *Viacard* (Karten zu 25 €, 50 € oder 75 € beim ADAC, in Italien an der Grenze und an Autobahnstationen erhältlich) wird man an vielen Mautstellen auf eigenen Fahrspuren meist schneller abgefertigt.

**Autobahn-Tankstellen** sind durchgehend geöffnet, die übrigen Tankstellen meist Mo–Fr 7–12.30 und 15.30–19.30 Uhr. Am Wochenende machen sie Schichtdienst.

## Bahn und Autozug

Alle Hauptorte und viele kleine Orte von Piemont, Lombardei und Valle d'Aosta sind mit der Eisenbahn zu erreichen. Direkte Verbindungen vom Ausland gibt es nach Mailand.

Im Sommer verkehren **Autoreisezüge** von Berlin, Dortmund, Neu-Isenburg, Hamburg-Altona, Hildesheim, und Köln-Deutz nach Bozen (auch im Winter) und Livorno sowie von Dortmund, Neu-Isenburg, Hamburg-Altona, Hildesheim und Köln-Deutz nach Verona (Gardasee).

**Fahrplanauskunft:**

*Deutschland*

**Deutsche Bahn**, Tel. 1 18 61 (persönlich), Tel. 08 00/ 1 50 70 90 (sprachgesteuert) Internet: www.bahn.de

**Deutsche Bahn AutoZug**,
Tel. 0 18 05/24 12 24,
Internet: www.autozug.de

*Österreich*

**Österreichische Bundesbahn,**
Tel. 05 17 17, Internet: www.oebb.at

*Schweiz*

**Schweizerische Bundesbahnen**, Tel. 09 00 30 03 00, Internet: www.sbb.ch

## Bus

Von mehreren deutschen Großstädten fahren Busse nach Mailand, Turin oder Verona. Zentrale Reservierungsstelle:

**Deutsche Touring**, Am Römerhof 17,
60486 Frankfurt/Main,
Tel. 0 69/79 03 50, Fax 7 90 32 19,
Internet: www.deutsche-touring.com.

## Flugzeug

In der **Lombardei** gibt es drei Flughäfen mit internationalen Verbindungen:

**Mailand-Linate** 10 km östlich der Stadt (europäische und inneritalienische Flüge) und **Mailand-Malpensa 2000,** 46 km nordwestlich (Interkontinentalflüge). *Lufthansa* und *Alitalia* bieten Direktflüge nach Mailand von Hamburg, Berlin, Hannover, Düsseldorf, Köln, Frankfurt, Nürnberg, Stuttgart und München. Auch *Swiss* sowie *Austrian Airlines* bedienen Mailand täglich über Zürich bzw. Wien. Von Malpensa verkehrt jede halbe Stunde ein Zug zum Bahnhof Cadorna. Darüber hinaus gibt es von 6.20– 1.30 Uhr zwei Busverbindungen (alle 10 Min.), Malpensa Express und Malpensa Shuttle, zur Stazione Centrale (Hauptbahnhof). Von Linate fährt Linienbus Nr. 73 nach Piazza San Babila in der westlichen Altstadt (Metro-Station). **Flugauskunft** für beide: Tel. 02 74 85 22 00.

**Bergamo-Orio al Sério**, 7 südöstlich der Stadt. Inneritalienische und internationale Flugverbindungen, z. B. täglich Linienflüge mit Air Dolomiti ab München und mit Gandalf Airlines ab Stuttgart. Von Frankfurt-Hahn fliegt Ryan Air. Busverbindungen nach Bergamo, nach Mailand (Hbf) und zu dessen Flughäfen.

**Flugauskunft:** Tel. 0 35 32 63 98,
0 35 32 61 11, 0 35 32 61 26

Der internationale Flughafen des **Piemont** ist **Torino-Caselle**, ca. 16 km nördlich der Stadt. Tägliche Direktverbindungen durch Lufthansa ab Düsseldorf, Frankfurt und München.

**Flugauskunft:** Tel. 01 15 67 63 61, Internet: www.turin-airport.com

Der Flughafen **Aosta-Corrado Gex**, 4 km östlich der Stadt, kann nur über Turin oder Paris erreicht werden.

**Flugauskunft:** Tel. 01 65 30 33 01

## Bank, Post, Telefon

### Bank

Die Banken sind überwiegend Mo–Fr 8 bzw. 8.30–13.30 und 14.30–15.45 Uhr geöffnet.

### Post

Die Postämter sind in der Regel Mo–Fr 8–13.30 bzw. 14. Uhr und Sa 8–12 Uhr geöffnet.

Briefmarken *(Francobolli)* gibt es auch in manchen Tabakläden *(Tabacchi)* zu erkennen am Monopolzeichen ›T‹ über der Tür, oder in Souvenirläden.

### Telefon

**Internationale Vorwahlen:**
Italien 00 39
Deutschland 00 49
Österreich 00 43
Schweiz 00 41

In Italien ist die Ortskennzahl fester Bestandteil der Telefonnummern und muss **immer** (inkl. der 0) mitgewählt werden. Dagegen fällt bei Handynummern die Null weg.

Die öffentlichen Telefone funktionieren zum Großteil mit **Telefonkarten** (*Scheda telefonica*, perforierte Ecke abreißen), die zu 1 €, 2,50 € und 5 € in Tabakläden, Kiosken und manchen Bars verkauft werden.

Die Benutzung handelsüblicher **GSM-Mobiltelefone** ist in Italien möglich. In den Bergen muss man allerdings mit Funklöchern rechnen.

## Einkaufen

**Öffnungszeiten:** Mo–Sa 8.30/9–12.30 und 15.30/16–19.30 Uhr. Von diesen Zeiten gibt es regionale Abweichungen.

### Design und Kunsthandwerk

Ideale Mitbringsel sind natürlich *Designerstücke* aus Mailand und Turin, ob Mode oder Gebrauchsgegenstände, aber auch *Schuhe* aus Vigevano, *Seidenstoffe* aus Como oder ein echter *Borsalino*-Hut aus Alessandria.

*Goldschmiedearbeiten* haben eine Hochburg in Valenza, *Silberarbeiten* in Alessandria. Schöne *Schnitzarbeiten* findet man in den Alpentälern des Piemont und im Valle d'Aosta (Skulpturen, Spielzeug). In der Brianza sind viele Betriebe auf handgefertigte *Möbel* spezialisiert. *Klöppelspitzen* findet man noch in Cogne und Biella. Traditionelle *Stoffe* und *Teppiche* werden im Valgrisenche (sog. *Drap*) und in den Tälern des Valcamonica und Veltlin (sog. *Pezzotti*) produziert.

### Antiquitäten

Herrlich stöbern kann man auf den zahlreichen Antiquitätenmärkten. Zu den bekanntesten gehören im **Piemont** der Markt von *Casale Monferrato* (Mercato Pavia, jedes 2. Wochenende außer Aug.) und der Gran Balôn von *Turin* (Porta Palazzo, jeden 2. So) sowie in der **Lombardei** die Märkte in *Mailand*, Stadtteil *Brera* (Via Fiori Chiari, jeden 3. So außer Aug.) und *Desenzano del Garda* (Altstadt, jeden 1. So außer Jan., Aug.). Über 400 Aussteller locken auf den stimmungsvollen Markt im Mailänder Stadtviertel *Navigli* (Ripa Ticinese, jeden letzten So außer Juli/Aug.). Unter Antiquitätenliebhabern bekannt sind auch die Märkte von *Bergamo Alta* (jeden 3. So außer Aug.), *Brescia* (Piazza Vittoria, jeden 2. So außer Juli /Aug.) und *Castiglione Olona* (Altstadt, jeden 1. So).

### Kulinaria

Feinschmecker locken die kulinarische Köstlichkeiten. Typische Produkte der **Lombardei** sind der dünn geschnittene *Bresáola*, luftgetrocknetes Rindfleisch, sowie Wein und Schaumwein aus dem Veltlin oder der Franciacorta, Olivenöl aus der Gegend um den Gardasee, *Mostarda* (eingelegte Senffrüchte) aus Cremona und zur Weihnachtszeit *Panettone*.

Aus dem **Piemont** kommen hochwertige Qualitätsweine [s. o.] aber auch der hochprozentige *Genepì delle Alpi*, ein Destillat aus Alpenkräutern, sowie der *Ratifià*, ein Likör aus Grappa und Kirschen.

## Wo der Wein in Strömen fließt

*Die* **Lombardei** *hat mit 1,4 Mio. Hektolitern Wein pro Jahr eine respektable Produktion vorzuweisen. Zu den besten Anbaugebieten gehört Oltrepò Pavese (Provinz Pavia), das den Grundwein für viele Spumanti liefert. Auch die Franciacorta (Provinz Brescia) ist ein Zentrum der Schaumweinproduktion.*

*Die Weinregion par excellence aber ist das* **Piemont**. *Jährlich erzeugt es rund 3,2 Mio. Hektoliter, überwiegend Rotwein. 76 % der Weine tragen die kontrollierte Ursprungsbezeichnung* **DOC** *(Denominazione di Origine Controllata) oder* **DOCG** *(… e Garantita). Im 19. Jh. machte der französische Önologe Louis Oudart den einst süß gekelterten* **Barolo** *aus der Nebbiolo-Traube zu einem trockenen, lagerfähigen Wein, dem heutigen Paradeprodukt des Piemont. In den 1980er-Jahren knüpfte hier eine junge Generation von Winzern und Önologen an, die dank Qualitätskontrollen und Innovationen Spitzenergebnisse erzielte. Bald avancierten die* **Langhe** *und die Gegend um* **Alba** *zum Pilgerziel der Weinliebhaber. Zum schweren, charaktervollen Barolo haben sich inzwischen auch der etwas fruchtigere* **Barbaresco** *sowie die Rotweine des Roero gesellt.*

*Ein weiteres wichtiges Weinanbaugebiet liegt im* **Monferrato**. *Ursprünglich war der hiesige Barbera ein einfacher Landwein. Erst der Winzer Giacomo Bologna verhalf ab den 1980er-Jahren mit seinem Bricco dell'Uccellone dem* **Barbera** *zu Weltruhm. Die besten Weine kommen heute unter der Bezeichnung Barbera d'Asti oder Barbera del Monferrato auf den Markt.*

*Ein edles Tröpfchen in Ehren …*

*Lange Zeit als Massenprodukt verschrien waren die schäumenden Dessertweine wie* **Asti Spumante** *oder* **Moscato**, *die sich aber inzwischen auch zu Qualitätsprodukten gemausert haben.*

*Viele Weingüter bieten Degustationen und Direktverkauf an. Zu den Galionsfiguren der piemontesischen Winzer gehören:*

**Giacomo**, *Via Roma 94, Rocchetta Tanaro (nahe Turin), Tel. 01 41 64 41 13. Hier gibt es Barbera Bricco dell'Uccellone (Mo–Fr 9–12 und 15–17.30 Uhr).*

**Bartolo Mascarello**, *Via Roma 15, Barolo, Tel. 0 17 35 61 25. Traditionelle Produktion, z. B. Barolo- und Barbera d'Alba-Weine sowie Dolcetto (Mo–Fr 8–12 und 14.30–18.30, Sa 9–12 und 15.30–18.30, So 9–12 Uhr).*

Klassiker sind die hutförmigen *Gianduiotti*, Nougatpralinen aus Turin, die *Krumiri* aus Casale Monferrato, oder der *Torrone* (Mandelnougat) aus Cremona. Tiefer in die Tasche greifen muss man da schon für die begehrten weißen *Trüffeln*, die würzigen Knollenpilze von Alba.

## Essen und Trinken

In der traditionellen Küche des Piemont, des Valle d'Aosta und der Lombardei liebt man es deftig und bodenständig. Gemeinsam ist den drei Regionen ihre Vorliebe für Butter statt Olivenöl und für Reis statt Pasta.

Zu den klassischen Gerichten der **Lombardei** gehört die *Zuppa pavese*, eine Bouillon mit geröstetem Brot, Ei und Parmesankäse und der safrangelbe *Risotto alla milanese*, zu dem gern *Ossobuco*, geschmorte Kalbshaxe, serviert wird. Und natürlich die *Cotoletta alla milanese*, ein in Ei und Semmelbrösel gewälztes und in Butter gebackenes Kalbskotelett. Besonders herzhaft ist die *Busecca*, gekochte Kutteln mit Hülsenfrüchten und Gemüse.

Typisch für die Bergregionen um Bergamo und Sondrio ist *Polenta* (Maisbrei) mit Käse oder Pilzen. Um Brescia, Cremona und Mantua schätzt man Ravioli-Spezialitäten wie die *Tortelli di zucca* (mit passiertem Kürbis gefüllte Ravioli). In der Oberitalienischen Seenlandschaft und entlang der Flüsse erfreut man sich an frischem oder mariniertem Fisch.

Schlemmer kommen auch im **Piemont** auf ihre Kosten, wo die *Slow-Food*-Bewegung entstand, die sich gegen die weit verbreitete Fast-Food-Kultur wendet und mit ihrem Buch ›Osterie d'Italia‹ eine Lanze für die regionale Küche bricht. Eine traditionelle Vorspeise ist neben den unwiderstehlichen *Crostini* (geröstete Weißbrotscheiben mit Aufstrich) die *Bagna caôda,* eine heiße Brühe aus Öl, Butter, Anchovis und viel Knoblauch, in die man Gemüse taucht. Zu den *Primi piatti* gehören die *Agnolotti,* mit Hackfleich und Gemüse gefüllte Teigtäschchen, und natürlich – im größten Reisanbaugebiet Italiens – Reisgerichte in allen möglichen Variationen. Klassische *Secondi piatti* sind der *Brasato al barolo*, in Barolo-Wein geschmorter Rinderbraten, und *Bollito misto*, verschiedene Fleischstücke, die mit unterschiedlichen Saucen serviert werden. Unangefochtener Star der Piemonteser Küche ist aber der weiße Trüffel (*Tartufo bianco*) aus Alba, mit dem Salate, Pasta- oder Fleischgerichte ›geadelt‹ werden.

Berühmt sind beide Regionen auch für ihre reiche **Käseauswahl:** *Tume piemontesi*, *Robiola*-Käse, *Grana* (Parmesan), *Taleggio* aus Bergamo, *Gorgonzola* oder sahniger *Mascarpone*, Basis des Exportschlagers *Tiramisù*. Der sattgelbe *Fontina*-Käse bildet die Grundlage einer Spezialität aus dem Valle d'Aosta: *Fonduta*, Käsefondue mit weißen Trüffeln.

## Feste und Feiern

### Feiertage

1. Januar (*Capodanno,* Neujahr), 6. Januar (*Epifania,* Heilige Drei Könige), Ostersonntag (*Pasqua*) und Ostermontag (*Pasquetta*), 25. April (*Liberazione*, Fest der Befreiung von Faschismus und deutscher Besatzung 1945), 1. Mai (*Festa del Lavoro,* Tag der Arbeit), 15. August (*Ferragosto,* Christi Himmelfahrt), 1. November (*Ognissanti,* Allerheiligen), 8. Dezember (*Immacolata Concezione,* Mariä Empfängnis), 25./26. Dezember (*Natale,* Weihnachten).

Hinzu kommen die Heiligen- und Patronatsfeste sowie die *Sagre*, den heimischen Erzeugnissen gewidmete Feiern.

### Feste

#### Januar

**Mailand** (6. 1.)*: Corteo dei Tre Magi.* Umzug der Heiligen Drei Könige mit farbenprächtigem Gefolge zur Basilica S. Eustorgio.

**Aosta** (30./31.1.): *Foire de St-Ours.* Große Kunsthandwerksmesse, bei der sich alles um traditionelle Produkte dreht, z. B. Klöppelarbeiten aus Cogne und bunte Stoffe aus dem Valgrisenche.

#### Februar

**Ivrea** (Karneval): Faschingstreiben in historischen Kostümen. Höhepunkt ist die berühmte Orangenschlacht, *Battaglia delle Arancie*, bei der sich die Teilnehmer in Erinnerung an die Vertreibung eines Tyrannen drei Tage lang gegenseitig mit Orangen bewerfen.

**Bagolino** (Karneval): Die kostümierten und maskierten *Balarì* (Tänzer) ziehen durch die Gassen des Ortes nahe Brescia und erweisen ihre Ehrerbietung, während die *Mascher* (Maskierten) ihre Verkleidung nutzen, um den Zuschauern Streiche zu spielen.

#### März/April

**Ostern:** Während der *Settimana Santa* (Karwoche) finden Prozessionen praktisch in jedem Ort statt, besonders sehenswert sind sie in *Murazzano* bei Cuneo, *Sordevolo* bei Biella (alle fünf Jahre, die nächsten 2005), *Bormio* und *Vercelli* (nächtliche Karfreitagsprozession).

#### Mai

**Legnano** (letzter So): *Sagra del Carroccio.* Kostümfreudiges Fest in der Stadt nordwestlich von Mailand. Mit Messen, historischen Umzügen und Pferderennen wird der Schlacht gegen Kaiser Barbarossa 1176 gedacht.

#### Juni

**Mailand** (1. So): *Festa dei Navigli*. Volksfeststimmung an den Kanälen: Gas-tronomische Stände mit lombardischen Spezialitäten, Schwimmwettbewerbe und musikalische Darbietungen.

**Turin** (20.–24.6.): *Festa padronale di San Giovanni Battista*. Fest zu Ehren des

Stadtpatrons mit Messen, folkloristischen Darbietungen, historischem Umzug und abschließendem Feuerwerk.

**August**

**La Morra** (letzter So): *Mangialonga.* Önogastronomischer Spaziergang durch die Weinberge des Barolo.

**September**

**Asti** (zwei Tage vor dem Festival delle Sagre): *Douja d'Or.* Zu Beginn der Weinlese dreht sich auf der Piazza Alfieri zehn Tage lang alles nur um den Wein.

**Asti** (2. So): *Festival delle Sagre.* Die verschiedenen Gemeinden der Provinz Asti stellen ihre kulinarischen Traditionen vor. Zum Schauen und Probieren.

**Asti** (3. So): *Palio.* Eintauchen ins Mittelalter! Die Einwohner ziehen in originalgetreuen Kostümen durch die Stadt. Am Nachmittag messen sich die Viertel von Asti beim Palio. Entscheidend für den Sieg ist nicht welcher Reiter, sondern welches Pferd als Erstes die Ziellinie überquert.

**Oktober**

**Alba** (1. So): *Palio degli Asini.* Historischer Umzug mit Fahnenschwingern und anschließendem Wettrennen mit meist störrischen Eseln. Das Schlusslicht wird mit einer gesalzenen Sardine belohnt.

**Alba** (ganzer Monat): *Fiera del Tartufo.* Seit 1929 treffen sich an den über 250 Ständen Trüffelliebhaber aus aller Welt zum Fachsimpeln, Feilschen und Genießen.

**Aosta** (3. So): *Batailles des Reines.* Kühe kämpfen in einer improvisierten Arena so lange gegeneinander, bis eine das Feld räumt. Außerdem sorgen *Polenta, Lardo* (Speck) und *Fontina* (Käse) für das leibliche Wohl.

**Dezember**

**Mailand** (5.–8. 12.): *Oh bej, Oh bej.* Die Ausrufe der Kinder (Oh, wie schön!, Oh, wie schön!) gab diesem Jahrmarkt den Namen. Es gibt lombardische Süßigkeiten, Kunsthandwerk und Antiquitäten rund um die Kirche des Stadtpatrons S. Ambrogio, dessen Fest am 7. Dez. gefeiert wird.

## Klima und Reisezeit

Im Valle d'Aosta und in den bergigen Regionen des Piemont und der Lombardei herrscht alpines Klima mit langen Wintern und kurzen, kühlen Sommern. In tieferen Lagen hingegen, vor allem in der Poebene, herrschen heiße, nicht selten schwüle Sommer und kalte, meist neblige Winter vor. Die beste **Reisezeit** ist im Frühjahr und Frühherbst. Der Frühsommer kann mit zahlreichen Regentagen überraschen.

Die Oberitalienischen Seen und die Poebene sind besonders schön im Frühling, wenn die Landschaft in voller Blüte steht und die Reisfelder von Wasser bedeckt sind. Gourmets strömen vor allem im Herbst ins Piemont. Das Valle d'Aosta, der Norden und Westen des Piemont sowie die lombardische Provinz Sondrio mit dem Veltlin eignen sich besonders im Sommer und Frühherbst für Kultur- und Wanderreisen. Den Wintersportlern gehören die Monate Dezember bis Anfang April.

Städtereisen – und nicht nur in die Metropolen Mailand und Turin – sind immer zu empfehlen außer im heißen August.

**Klimadaten Mailand**

| Monat | Luft (°C) min./max. | Sonnen-std./Tag | Regen-tage |
|---|---|---|---|
| Januar | -1/ 4 | 2 | 7 |
| Februar | -1/ 8 | 4 | 5 |
| März | 5/13 | 5 | 7 |
| April | 9/18 | 6 | 9 |
| Mai | 13/22 | 7 | 10 |
| Juni | 17/28 | 8 | 7 |
| Juli | 20/30 | 9 | 5 |
| August | 19/30 | 8 | 5 |
| September | 16/25 | 6 | 6 |
| Oktober | 11/17 | 4 | 8 |
| November | 6/10 | 2 | 8 |
| Dezember | 1/ 5 | 2 | 7 |

**Klimadaten Turin**

| Monat | Luft (°C) min./max. | Sonnen-std./Tag | Regen-tage |
|---|---|---|---|
| Januar | -1/ 6 | 3 | 5 |
| Februar | 2/ 9 | 4 | 5 |
| März | 5/13 | 4 | 6 |
| April | 9/17 | 5 | 8 |
| Mai | 13/21 | 7 | 10 |
| Juni | 16/26 | 7 | 9 |
| Juli | 19/29 | 8 | 5 |
| August | 18/27 | 7 | 7 |
| September | 15/23 | 6 | 5 |
| Oktober | 10/18 | 4 | 6 |
| November | 4/11 | 3 | 4 |
| Dezember | 1/ 7 | 2 | 4 |

**Klimadaten Aosta**

| Monat | Luft (°C) min./max. | Sonnen-std./Tag | Regen-tage |
|---|---|---|---|
| Januar | -5/ 5 | 2 | 6 |
| Februar | -3/ 8 | 5 | 5 |
| März | 1/13 | 6 | 5 |
| April | 4/16 | 7 | 6 |
| Mai | 9/21 | 7 | 8 |
| Juni | 12/25 | 9 | 7 |
| Juli | 14/28 | 10 | 5 |
| August | 14/27 | 9 | 6 |
| September | 10/22 | 7 | 6 |
| Oktober | 5/16 | 5 | 7 |
| November | 0/10 | 3 | 6 |
| Dezember | -4/ 5 | 2 | 6 |

Quelle: Società Meteorologica Italiana Onlus, Internet: www.nimbus.it

## Kultur live

Es ist das Ereignis der Saison, wenn am 7. Dezember die Opernsaison an der **Mailänder Scala** eröffnet wird. Wegen Restaurierungsarbeiten ist die Scala im Jahr 2002 für etwa drei Jahre ins neu errichtete Teatro degli Arcimboldi umgezogen (Info-Tel. 02 72 00 37 44, Internet: www.lascala.milano.it).

Treffpunkt für Freunde **klassischer Musik** sind *Settimane musicali di Stresa e del Lago Maggiore* (Ende Aug./Anfang Sept., Tel. 0 32 33 10 95, Fax 0 32 33 30 06, Internet: www.settimanemusicali.it) und *Settembre Musica* in Turin (Internet: www.comune.torino.it/settembremusica).
**Jazzliebhaber** kommen beim *Eurojazz-Festival* von Ivrea (zwei Wochen nach Karneval, Tel. 01 15 61 39 25) oder beim *Clusone Jazz-Festival* (Juli, Tel. 0 34 62 38 23) rund um den Lago d'Iseo auf ihre Kosten.

Für Fans **modernen Tanztheaters** gibt es zahlreiche Veranstaltungen wie das internationale *Acqui in Palcoscenico* in Acqui Terme (Juli, Tel. 01 44 77 02 72), *Vignaledanza* in Vignale Monferrato, nordöstl. von Alessandria (Ende Juni bis Aug., Internet: www.vignaledanza.com) und das *Festival Danza* in Bergamo (Anfang Juli, Internet: www.cscanymore.it).

Groß und Klein begeistert die *Festa internazionale del Circo contemporaneo* in Brescia (1. Julihälfte), bei der zwei Wochen lang Akrobaten, Gaukler, Seiltänzer und Clowns aus aller Welt die Zuschauer mit ihren Kunststücken in den Bann ziehen (Info: IAT Brescia, Tel. 03 04 34 18)

## Sport

### Fußball

Zu den führenden Fußballmannschaften Italiens gehören Juventus Turin (kurz *Juve*) und Internazionale Mailand (kurz *Inter*) sowie *AC Milan*. Die Spiele im San Siro Stadion in Mailand oder Delle Alpi Stadion in Turin sind nicht nur für eingefleischte Fußballfans ein Erlebnis. Kartenvorverkauf:

**Milan**, Milan Point, Tel. 02 89 42 27 11 (während der Spielzeit tgl. 10–19.30 Uhr); **Inter**, jede Zweigstelle der Banca Popolare di Milano; **Juve**, Infos über Verkaufsstellen bei APT Turin,
Tel. 0 11 53 59 01, Fax 0 11 53 00 70

### Golf

Das Piemont und vor allem die Lombardei, wo sich allein ein Viertel aller italienischen Golfplätze befindet, sind beliebte Reiseziele für Golfspieler. Es gibt über 40 Plätze (9–27 Löcher). Zu den höchstgelegenen Golfplätzen Europas gehört der Golf Club Cervino (2050 m) in Valtournenche. Auskunft:

**Federazione Italiana Golf (FIG)**,
Comitato Regionale Lombardo,
Via Gramsci 2, Lallio (Bergamo),
Tel. 0 35 20 46 29, Fax 0 35 20 46 33,
Internet: www.golflombardia.it,
www.federgolf.it.

### Klettern

Wahre Kletterparadiese sind der in der Ortler-Cevedale-Gruppe liegende Nationalpark Stilfserjoch, *Parco Nazionale dello Stelvio*, sowie *Arco* am Nordende des Gardasees und die bei *Lecco* aufragenden gezackten Wände Resegone und Grigne. Berühmt sind auch die künstlichen Kletterwände im Valgrisenche, wie die Staumauer von Beauregard, die sog. Big Wall.

### Mountainbike

Radsport ist sehr verbreitet. Vorschläge für Radtouren findet man in Broschüren, die bei ENIT [s. S. 125] und den IAT-Büros erhältlich sind. Fahrrad-Verleihstellen gibt es in den meisten großen Städten. Auskunft:

**Allgemeiner Deutscher Fahrrad-Club (ADFC)**, Postfach 10 77 47,
28077 Bremen, Tel. 04 21/34 62 90,
Fax 3 46 29 50, Internet: www.adfc.de.

*Die italienischen Alpen bieten attraktive Wanderwege aller Schwierigkeitsgrade*

## Reiten

Der Reitsport hat vor allem im lombardischen Varesotto rund um den Comer See und den Lago Maggiore Tradition. Auch in den Langhe und im Monferrato gibt es zahlreiche Reitschulen, häufig in Verbindung mit *Agriturismo*. Broschüren sind bei ENIT und den IAT-Büros erhältlich.

## Wandern

Der *Parco Nazionale del Gran Paradiso* des **Valle d'Aosta** an der Grenze zu Frankreich und der Nationalpark Stilfserjoch, *Parco Nazionale dello Stelvio*, in der **Lombardei** sowie unzählige Naturschutzgebiete locken zu Wanderungen und ausgedehnten Spaziergängen (Internet: www.parks.it). Mehrtägige Touren kann man Juni–Sept. im Valle d'Aosta auf der **Alta Via 1** unternehmen, die Gressoney St-Jean mit Courmayeur verbindet. Sie geht am Monte Rosa, Cervino und Grand Combin vorbei und endet zu Füßen des Mont Blanc. Eine mögliche Fortsetzung bildet die *Alta Via 2*, die von Courmayeur nach Champorcher führt. Für leichtere Touren eignet sich besonders das Hinterland der *Oberitalienischen Seen*.

TOP TIPP

Im **Piemont** ist eine besondere Wanderattraktion die 1000 km lange *Große Alpenwanderung* (GTA = Grande Traversata delle Alpi) durch die Piemontesischen Alpen. Auf rot-weiß gekennzeichneten Wegen kann man Juli–Sept. in 120 Etappen (je 5–7 Std.) von der Valle Anzasca östlich vom Monte Rosa bis an die ligurische Küste nach Ormea wandern (Info: GTA, Tel. 01 15 62 44 77, Internet: www.gtaweb.de). Durch das Piemont verlief im Mittelalter auch einer der *Pilgerwege* nach Rom. Noch heute kann man auf dieser Route über den Moncenisio- und Monginevro-Pass nach Oulx und Susa wandern und weiter nach Bussoleno und Avigliana, von wo aus man Rivoli, Asti und Turin erreicht. Auskunft:

**Club Alpino Italiano (CAI)**, Via Petrella 19, Mailand, Tel. 0 22 05 72 31 oder Via Barbaroux 1, Turin, Tel. 0 11 54 60 31, Internet: www.cai.it.

## Wassersport

Auf allen großen *Seen* kann man Segeln, Surfen, Wasserski und Motorboot fahren. In den Badeorten gibt es zahlreiche Wassersportschulen sowie Boots- und Ausrüstungsverleiher. Die zeitweilig reißenden *Flüsse* sind beliebte Reviere für Kanu- und Kajaksportler. Zum **Kajakfahren** eignen sich in der Lombardei besonders die Flussläufe der Brembo bei Bergamo und der Oglio bei Brescia, außerdem die Dora Baltea im Valle d'Aosta sowie der Sesia im Piemont. Besonders beliebt für **Kanutouren** sind im Valle d'Aosta die Flussläufe des Chalamy, des Fer und des Pacoula im Gressoney-Tal, im Piemont der Flusslauf des Val Mala oder der Valle Artogna mit ihren bis zu 50 m hohen Rutschen. Auskunft:

**Federazione Italiana Canoa-Kajak Piemont**, Corso Stati Uniti 10, Turin, Tel./Fax 01 15 62 33 48, Internet: www.federcanoa.it.

## Wintersport

Die Piemontesischen Alpen, das Valle d'Aosta und die Veltliner Alpen bei Livigno und Bormio sind beliebte Wintersportgebiete. Ideale *Abfahrtpisten* findet man im Valle d'Aosta in Breuil-Cervinia, Courmayeur, La Thuile und Pila sowie im piemontesischen Sestrière. Paradies der *Langläufer* ist Cogne (Valle d'Aosta) mit insgesamt 80 km Loipen, gefolgt von Brusson mit 40 km Loipen. Zentren der Skisportarten Snowboard, Telemark, Freestyle und Carving sind Cervinia, Pila, und La Thuile im Valle d'Aosta. Es gibt aber auch *Heliski* für Skiwanderungen zu ausgesuchten Gipfeln oder Ausflüge auf *Hundeschlitten* im Val Ferret und in Courmayeur. *Informationen* zu den Skigebieten bietet der jährlich erscheinende **ADAC SkiGuide Alpen** (mit CD-Rom, Internet: www.adac.de/skiguide).

## Statistik

**Geographische Gliederung:** Das Piemont und die Lombardei gehören mit einer Fläche von 25 399 km² bzw. 23 861 km² zu den größten Regionen Italiens. Das Valle d'Aosta hingegen ist mit nur 3263 km² die kleinste. Die *Lombardei* besteht aus alpinem Bergland (Bernina 4050 m, Adamello 3544 m) mit den Seen Lago Maggiore, Comer See, Lago d'Iseo und Gardasee sowie der fruchtbaren Poebene. Das *Piemont*, das Land ›am Fuß der Berge‹, wird im Norden und Westen von den Alpen umgeben, im Süden vom Apennin (Monviso 3841 m, Argentera 3297 m, Gran Paradiso 4061 m) und im Zentrum liegt die weite Poebene. Das *Valle d'Aosta* mit dem Flusslauf der Dora Baltea formiert sich ausschließlich aus Bergland (Mont Blanc 4810 m, Matterhorn 4478 m, Monte Rosa 4634 m, Gran Paradiso 4061 m).

**Verwaltung:** Die *Lombardei* ist in elf Provinzen unterteilt: Bergamo, Brescia, Como, Cremona, Lecco, Lodi, Mantova, Milano, Pavia, Sondrio und Varese. Mit 9,1 Mio. Einwohnern ist sie die bevölkerungsreichste Provinz Italiens (382 Einw./km²). Hauptstadt ist Mailand mit 1,3 Mio. Einwohnern. Das *Piemont* besteht aus den acht Provinzen Alessandria, Asti, Biella, Cuneo, Novara, Torino, Verbano-Cusio-Ossola (Verbania) und Vercelli. Von den 4,3 Mio. Einwohnern leben 904 000 in der Hauptstadt Turin. Das *Valle d'Aosta* (121 000 Einw.) mit der Hauptstadt Aosta besteht seit 1948 und genießt den Status der Selbstverwaltung. Ein Großteil der Bevölkerung spricht noch Frankoprovenzalisch. Amtssprache ist neben Italienisch auch das Französische.

**Wirtschaft:** Beim nationalen Pro-Kopf-Einkommen belegen alle drei Regionen seit Jahren die vordersten Plätze. Die Arbeitslosenquote liegt weit unter dem Landesdurchschnitt (11,5 %): Lombardei 5,5 %, Piemont 8,3 %, Valle d'Aosta 5,6 %. Die Lombardei und das Piemont sind weiterhin die Zugpferde der wirtschaftlichen Entwicklung Italiens. In der Industrie arbeiten in der Lombardei 42 %, im Piemont 41 % und im Valle d'Aosta – hauptsächlich in der elektrometallurgischen Industrie (Aosta und Pont St-Martin) – 25 % der Beschäftigten. Die Stärken liegen auch in der Vielfalt der hier angesiedelten Industrien. *Piemont*: In Ivrea sitzt mit Olivetti die wichtigste italienische Firma für Telekommunikation, Biella ist ein Zentrum der Wollindustrie. Turin allerdings leidet mit FIAT an den seit Jahren sinkenden Absatzzahlen des Automobilkonzerns. *Lombardei*: Unangefochten ist ihre führende Stellung in der Mode- und Designbranche. In der Brianza befinden sich bedeutende Standorte der Möbelindustrie aber auch viele Hochtechnologie-Unternehmen, in Brescia findet man zahlreiche Stahlwerke und chemische Industrie, Petrochemie dominiert in Mantua, Vigevano ist das Herz der italienischen Schuhindustrie. Die Lombardei ist zugleich das größte Landwirtschaftszentrum Italiens mit einem Anteil von 13,5 % an der gesamten Agrarproduktion. Viehzucht (für Milch-, Käse- und Fleischproduktion) sowie Weizen- und Maisanbau sind die Pfeiler, in der Futtermittelproduktion steht sie an erster Stelle. Auch der Reisanbau spielt eine große Rolle. Aus der Lomellina sowie aus dem *Piemont* rund um Vercelli und Novara stammt über ein Drittel der europäischen Reisproduktion. Eine große Rolle in der Landwirtschaft des Piemont spielen auch Rinderzucht, Mais und Getreide sowie spezialisierter Obstanbau (Erdbeeren bei Turin, Äpfel im Veltlin, Haselnüsse in den Langhe). Berühmt sind die piemontesischen Weinanbaugebiete im Monferrato und in den Langhe. Das Städtchen Alba gilt als Trüffelhochburg. Im bergigen *Valle d'Aosta* herrschen vor allem Rinderzucht und Käseherstellung (*Fontina*, *Toma valdaostana*) vor.

Eine führende Position am Wirtschaftsaufkommen nimmt in allen drei Regionen der tertiäre Sektor ein. Dazu trägt in der *Lombardei* vor allem Mailand als wichtigstes italienisches Mode-, Messe- und Handelszentrum, aber auch bedeutendster Banken-, Versicherungs-, und Börsenplatz bei. Eine große Rolle spielt der Tourismus im Valle d'Aosta, in den Bergregionen des Piemont sowie am Gardasee.

## Unterkunft

### Agriturismo

Der Urlaub auf dem Land erfreut sich in Italien großen Zuspruchs, allerdings sind nicht alle Betriebe ganzjährig geöffnet. Auskunft:

**Agriturist**, Via Isonzo 27, Mailand, Tel. 02 58 30 21 22, Fax 02 58 30 08 81 oder in Rom, Tel. 0 66 85 23 42, Internet: www.agriturist.it

**Terranostra**, Via Tommaso Salvini 1, Mailand, Tel. 02 76 02 58 40, Fax 02 76 01 51 23. – Piazza San Carlo 197, Turin, Tel. 01 15 62 28 00, Internet: www.terranostra.it

### Bed & Breakfast

Wer eine Unterkunft mit eher familiärem Zuschnitt sucht, ist bei den Bed & Breakfast-Pensionen gut aufgehoben. Auskunft:

**Bed & Breakfast Italia**, Corso Vittorio Emanuele II. 282/284, Roma, Tel. 0 66 87 86 18, Fax 0 66 87 86 19, Internet: www.bbitalia.it.

**Dolce Casa**, Via Messina 15, Mailand, Tel. 0 23 31 18 -14, - 20, Fax 0 23 31 30 09, Internet: www.dolcecasa.it.

### Camping

Piemont, Lombardei und das Valle dÀosta verfügen über ein vorzügliches Netz von Campingplätzen verschiedener Kategorien. Eine Beschreibung geprüfter Anlagen bieten der **ADAC Camping-Caravaning-Führer**, Band Südeuropa (auch als CD-ROM) und der **ADAC Urlaubsführer Europa**, die beide jährlich erscheinen (Internet. www.adac.de/campingfuehrer).

### Hotels und Pensionen

Hotels und Pensionen werden mit einem Bewertungssystem von * (sehr bescheiden) bis ***** (Luxushotel) klassifiziert. Die Höchstpreise müssen in den Zimmern ausgehängt sein. Infos und Prospektmaterial erhält man über die Fremdenverkehrsbüros. In der Hochsaison, vor allem während der italienischen Schulferien (Mitte Juni–Mitte Sept.), sind Hotels häufig ausgebucht. Eine Auswahl empfehlenswerter Häuser bieten im Haupttext die **Praktischen Hinweise**.

Eine Liste *behindertengerechter* Hotels erhält man bei ENIT oder über **COIN**, Tel. 0 67 12 90 11, Tel. 8 00 27 10 27 (innerhalb Italiens, gebührenfrei), Internet: www.coinsociale.it.

### Jugendherbergen

Die Lombardei, das Piemont und das Valle d'Aosta besitzen insgesamt 12 Jugendherbergen (siehe Praktische Hinweise). Auskunft:

**Associazione Italiana Alberghi per la Gioventù (AIG)**, Via Cavour 44, Rom, Tel. 0 64 87 11 52, Fax 0 64 88 04 92, Internet: www.ostellionline.org.

**Deutsches Jugendherbergswerk**, Bismarckstr. 8, 32756 Detmold, Tel.05231/74010, Fax 74 01 74, Internet: www.jugendherberge.de

## Verkehrsmittel im Land

### Bahn

Mit der Eisenbahn lassen sich alle größeren Orte bequem erreichen. Die Hauptstrecken sind Turin–Mailand–Venedig, Turin–Genua–Rom und Turin–Piacenza. Auch die Poebene, Aosta sowie das Valle di Susa sind gut erreichbar. Auf manchen Strecken kann man Fahrräder mitnehmen. In anderen Tälern sowie in den Langhe und im Monferrato ist man hingegen auf das Auto angewiesen. Auskunft:

**Trenitalia**, Tel. 8 48 88 80 88 (innerhalb Italiens, gebührenfrei), Internet: www.trenitalia.com.

### Bus

Ein dichtes Autobusnetz verbindet die großen Städte mit allen wichtigen Orten im Hinterland. Fahrkarten (*Biglietti*) besorgt man sich an Kiosken oder im Bus selbst.

### Mietwagen

In den Städten und größeren Orten stehen Mietwagenfirmen zur Verfügung. Für Mitglieder bietet die **ADAC Autovermietung GmbH** günstige Konditionen. Buchungen sind über die ADAC-Geschäftsstellen möglich oder unter Tel. 0 18 05/31 81 81 (0,12 €/Min.).

### Schiff

Fährverbindungen gibt es am Comer See, Lago Maggiore, Lago d'Iseo und Gardasee, auch im Winter. Für Bus oder Bahn und anschließende Schifffahrten gibt es z. T. Kombitickets. Auskunft:

**Navigazione Laghi**, Tel. 0 24 67 61 01, Fax 02 56 76 10 59, Internet: www.navlaghi.it.

# Sprachführer

## Das Wichtigste in Kürze

| | |
|---|---|
| Ja/Nein | *Si/No* |
| Bitte/Danke | *Per favore/Grazie* |
| In Ordnung./ Einverstanden. | *Va bene./ D'accordo.* |
| Entschuldigung! | *Scusi!* |
| Wie bitte? | *Come dice?* |
| Ich verstehe Sie (nicht). | *(Non )La capisco.* |
| Ich spreche nur wenig Italienisch. | *Parlo solo un po' d'italiano.* |
| Können Sie mir bitte helfen? | *Mi può aiutare, per favore?* |
| Das gefällt mir (nicht). | *(Non) Mi piace.* |
| Ich möchte ... | *Vorrei ...* |
| Haben Sie ...? | *Ha ...?* |
| Wie viel kostet ...?/ Wie teuer ist ...? | *Quanto costa ...?* |
| Kann ich mit Kreditkarte bezahlen? | *Posso pagare con la carta di credito?* |
| Wie viel Uhr ist es? | *Che ore sono?/ Che ora è?* |
| Guten Morgen!/ Guten Tag! | *Buon giorno!* |
| Guten Abend! | *Buona sera!* |
| Gute Nacht! | *Buona notte!* |
| Hallo!/Grüß dich! | *Ciao!* |

## Zahlen

| | | | |
|---|---|---|---|
| 0 | *zero* | 19 | *diciannove* |
| 1 | *uno* | 20 | *venti* |
| 2 | *due* | 21 | *ventuno* |
| 3 | *tre* | 22 | *ventidue* |
| 4 | *quattro* | 30 | *trenta* |
| 5 | *cinque* | 40 | *quaranta* |
| 6 | *sei* | 50 | *cinquanta* |
| 7 | *sette* | 60 | *sessanta* |
| 8 | *otto* | 70 | *settanta* |
| 9 | *nove* | 80 | *ottanta* |
| 10 | *dieci* | 90 | *novanta* |
| 11 | *undici* | 100 | *cento* |
| 12 | *dodici* | 200 | *duecento* |
| 13 | *tredici* | 1000 | *mille* |
| 14 | *quattordici* | 2000 | *duemila* |
| 15 | *quindici* | 10 000 | *diecimila* |
| 16 | *sedici* | 1 000 000 | *un milione* |
| 17 | *diciassette* | 1/2 | *mezzo* |
| 18 | *diciotto* | 1/4 | *un quarto* |

| | |
|---|---|
| Wie ist Ihr Name, bitte? | *Come si chiama, per favore?* |
| Mein Name ist ... | *Mi chiamo ...* |
| Wie geht es Ihnen? | *Come sta?* |
| Auf Wiedersehen! | *Arrivederci!* |
| Tschüs! | *Ciao!* |
| Bis bald! | *A presto!* |
| Bis morgen! | *A domani!* |
| gestern/heute/morgen | *ieri/oggi/domani* |
| am Vormittag/ am Nachmittag | *la mattina/ al pomeriggio* |
| am Abend/in der Nacht | *la sera/la notte* |
| um 1 Uhr/um 2 Uhr ... | *all' una/alle due...* |
| um Viertel vor (nach) ... | *alle... meno un quarto (e un quarto)* |
| um ... Uhr 30 | *alle ... e trenta* |
| Minute(n)/Stunde(n) | *minuto(-i)/ora(-e)* |
| Tag(e)/Woche(n) | *giorno(-i)/settimana(-e)* |
| Monat(e)/Jahr(e) | *mese(-i)/anno(-i)* |

## Wochentage

| | |
|---|---|
| Montag | *lunedì* |
| Dienstag | *martedì* |
| Mittwoch | *mercoledì* |
| Donnerstag | *giovedì* |
| Freitag | *venerdì* |
| Samstag | *sabato* |
| Sonntag | *domenica* |

## Monate

| | |
|---|---|
| Januar | *gennaio* |
| Februar | *febbraio* |
| März | *marzo* |
| April | *aprile* |
| Mai | *maggio* |
| Juni | *giugno* |
| Juli | *luglio* |
| August | *agosto* |
| September | *settembre* |
| Oktober | *ottobre* |
| November | *novembre* |
| Dezember | *dicembre* |

## Maße

| | |
|---|---|
| Kilometer | *chilometro(-i)* |
| Meter | *metro(-i)* |
| Zentimeter | *centimetro(-i)* |
| Kilogramm | *chilo(-i)* |
| Pfund | *mezzo chilo* |
| 100 Gramm | *etto(-i)* |
| Liter | *litro(-i)* |

## Unterwegs

| | |
|---|---|
| Nord/Süd/West/Ost | *nord/sud/ovest/est* |
| oben/unten | *sopra/sotto* |
| geöffnet/geschlossen | *aperto/chiuso* |
| geradeaus/links/ rechts/zurück | *diritto/sinistra/ destra/indietro* |
| nah/weit | *vicino/lontano* |
| Wie weit ist …? | *A che distanza si trova…?* |
| Wo sind die Toiletten? | *Dove sono le toilette?* |
| Wo ist die (der) nächste… | *Dove si trova nelle vicinanze …* |
| Telefonzelle/ | *una cabina telefonica/* |
| Bank/ | *una banca/* |
| Geldautomat/ | *un bancomat/* |
| Post/ | *una posta/* |
| Polizei? | *la polizia?* |
| Bitte, wo ist … | *Scusi, dov'è …* |
| der Hauptbahnhof/ | *la stazione centrale/* |
| die U-Bahn/ | *la stazione del métro/* |
| der Flughafen? | *l'aeroporto?* |
| Wo finde ich … | *Dove si trova …* |
| eine Bäckerei/ | *un panificio/* |
| Fotoartikel/ | *gli articoli fotografici* |
| ein Kaufhaus/ | *un grande magazzino/* |
| ein Lebensmittel-geschäft/ | *un negozio di alimentari/* |
| den Markt? | *il mercato?* |
| Ist das der Weg/ die Straße nach …? | *È questa la strada per ….?* |
| Ich möchte mit … | *Vorrei andare …* |
| dem Zug/ | *col treno/* |
| dem Schiff/ | *colla nave/* |
| der Fähre/ | *col traghetto/* |
| dem Flugzeug | *col aereo* |
| nach … fahren. | *a …* |
| Gilt dieser Preis für Hin- und Rückfahrt? | *È la tariffa di andata e ritorno?* |
| Wie lange gilt das Ticket? | *Fino a quando è valido il biglietto?* |
| Wo ist das Fremden-verkehrsamt/ | *Dov'è l'Ufficio per il turismo/* |
| ein Reisebüro? | *un'agenzia viaggi?* |
| Ich suche eine Hotelunterkunft. | *Cerco un albergo.* |
| Wo kann ich mein Gepäck lassen? | *Dove posso deposi-tare i miei bagagli?* |
| Ich habe meinen Koffer verloren. | *Ho perso la mia valigia.* |
| Ich möchte eine Anzeige erstatten. | *Vorrei fare una denuncia.* |
| Man hat mir … | *Mi hanno rubato …* |
| Geld/die Tasche/ | *i soldi/la borsa/* |
| die Papiere/ | *i documenti/* |
| die Schlüssel/ | *le chiavi/* |
| den Fotoapparat/ | *la macchina foto-grafica/* |
| den Koffer/ | *la valigia/* |
| das Fahrrad gestohlen. | *la bicicletta.* |

## Freizeit

| | |
|---|---|
| Ich möchte ein … | *Vorrei noleggiare …* |
| Fahrrad/ | *una bicicletta/* |
| Motorrad/ | *un moto/* |
| Surfbrett/ | *una tavola da surf/* |
| Mountainbike/ | *un mountain bike/* |
| Boot/ | *una barca/* |
| Pferd mieten. | *un cavallo.* |
| Gibt es ein(en) … | *Dove si trova nelle vicinanze…* |
| Freizeitpark/ | *un parco di divertimento/* |
| Freibad/ | *una piscina pubblica/* |
| Golfplatz/ | *un campo di golf/* |
| Strand in der Nähe? | *una spiaggia?* |
| Wann hat … geöffnet? | *Quando è aperto (aperta) …?* |

## Bank, Post, Telefon

| | |
|---|---|
| Wo ist die nächste Bank? | *Dov'è la banca più vicina?* |
| Wo ist das Postamt? | *Dov'è l'ufficio postale?* |
| Brauchen Sie meinen Ausweis? | *Volete i miei documenti?* |
| Wo soll ich unterschreiben? | *Dove debbo firmare?* |
| Ich möchte eine Telefonverbindung nach … | *Vorrei un collegamento telefonico con…* |
| Wie lautet die Vorwahl für …? | *Qual è il prefisso per…?* |

### Hinweise zur Aussprache

| | |
|---|---|
| c, cc | vor ›e‹ und ›i‹ wie ›tsch‹, Bsp.: **cia**o; sonst wie ›k‹, Bsp.: **co**me |
| ch, cch | wie ›k‹, Bsp.: **ch**e, **ch**ilo |
| g, gg | vor ›e‹ und ›i‹ wie ›dsch‹, Bsp.: **ge**nte; sonst wie ›g‹, Bsp.: **go**la |
| gli | wie ›**Li**lie‹, Bsp.: fi**gli**o |
| gn | wie ›Co**gn**ac‹, Bsp.: ba**gn**o |
| sc | vor ›e‹ und ›i‹ wie ›sch‹, Bsp.: **sci**opero; sonst wie ›sk‹, Bsp.:**sc**ala |
| sch | wie ›sk‹, Bsp.: I**sch**ia |
| sci | vor ›a,o,u‹ wie ›sch‹, Bsp.: la**scia**re |
| z | wie ›ds‹, Bsp.: **z**uppa |

| | |
|---|---|
| Wo gibt es ... Telefonkarten/ Briefmarken? | *Dove trovo ... le schede telefoniche/ i francobolli?* |

## Tankstelle

| | |
|---|---|
| Wo ist die nächste Tankstelle? | *Dov'è la stazione di servizio più vicina?* |
| Ich möchte ... Liter ... Super/Diesel/ bleifrei. | *Vorrei ... litri ... di super/diesel/ senza piombo.* |
| Volltanken, bitte. | *Faccia il pieno, per favore.* |
| Bitte prüfen Sie ... den Reifendruck/ | *Verifichi per favore ... la pressione delle ruote/* |
| den Ölstand/ | *il livello dell'olio/* |
| den Wasserstand/ | *il livello dell'acqua/* |
| das Wasser für die Scheibenwischanlage/ | *l'acqua per il tergicristallo/* |
| die Batterie. | *la batteria.* |
| Würden Sie bitte ... den Ölwechsel vornehmen/ | *Per favore, mi può ... cambiare l'olio/* |
| den Radwechsel vornehmen/ | *cambiare la ruota/* |
| die Sicherung austauschen/ | *sostituire il fusibile/* |
| die Zündkerzen erneuern/ | *sostituire le candele/* |
| die Zündung nachstellen. | *regolare l'accensione.* |

## Panne

| | |
|---|---|
| Ich habe eine Panne. | *Ho un guasto.* |
| Der Motor startet nicht. | *La macchina non parte.* |
| Ich habe die Schlüssel im Wagen gelassen. | *Ho le chiavi in macchina.* |
| Ich habe kein Benzin/ Diesel. | *Non ho più benzina/ diesel.* |
| Gibt es hier in der Nähe eine Werkstatt? | *C'è un'officina qui vicino?* |
| Können Sie mein Auto abschleppen? | *Può effettuare il traino?* |
| Können Sie mir einen Abschleppwagen schicken? | *Mi potrebbe mandare un carro attrezzi?* |
| Können Sie den Wagen reparieren? | *Può riparare la mia macchina?* |
| Bis wann? | *Quando sarà pronta?* |

## Mietwagen

| | |
|---|---|
| Ich möchte ein Auto mieten. | *Vorrei noleggiare una macchina.* |
| Was kostet die Miete ... | *Quanto costa il noleggio ...* |
| pro Tag/ | *al giorno/* |
| pro Woche/ | *alla settimana/* |
| mit unbegrenzter km-Zahl/ | *senza limite chilometraggio/* |
| mit Kasko-versicherung/ | *con assicurazione ›kasko‹/* |
| mit Kaution? | *con cauzione?* |
| Wo kann ich den Wagen zurückgeben? | *Dove posso restituire la macchina?* |

## Unfall

| | |
|---|---|
| Hilfe! | *Aiuto!* |
| Achtung!/Vorsicht! | *Attenzione!* |
| Rufen Sie bitte schnell ... | *Per favore, chiami subito ...* |
| einen Krankenwagen/ | *un'ambulanza/* |
| die Polizei/ | *la polizia/* |
| die Feuerwehr. | *i vigili del fuoco.* |
| Es war (nicht) meine Schuld. | *(Non) È stata colpa mia.* |
| Geben Sie mir bitte Ihren Namen und Ihre Adresse. | *Mi dia il suo nome ed indirizzo, per favore.* |
| Ich brauche die Angaben zu Ihrer Autoversicherung. | *Mi dia i particolari della sua assicurazione auto.* |

## Krankheit

| | |
|---|---|
| Können Sie mir einen guten Deutsch sprechenden Arzt/ Zahnarzt empfehlen? | *Mi può consigliare un bravo medico/ dentista che parla il tedesco?* |
| Wann hat er Sprechstunde? | *Qual è l'orario delle visite?* |
| Wo ist die nächste Apotheke? | *Dove si trova la farmacia più vicina?* |
| Ich brauche ein Mittel gegen ... | *Vorrei qualcosa contro* |
| Durchfall/ | *la diarrea/* |
| Halsschmerzen/ | *il mal di gola/* |
| Fieber/ | *la febbre/* |
| Insektenstiche/ | *le punture d'insetti/* |
| Kopfschmerzen/ | *mal di testa/* |
| Verstopfung/ | *la costipazione/* |
| Zahnschmerzen | *mal di denti.* |

## Hotel

| | |
|---|---|
| Können Sie mir bitte ein Hotel/ eine Pension empfehlen? | *Potrebbe consigliarmi un albergo/ una pensione, per favore?* |
| Ich habe bei Ihnen ein Zimmer reserviert. | *Ho prenotato una camera.* |

| | |
|---|---|
| Haben Sie ein Einzel-/ Doppelzimmer … | *Ha una camera singola/ doppia …* |
| mit Dusche/ | *con doccia/* |
| mit Bad/ | *con bagno/* |
| WC/ | *toilette/* |
| für eine Nacht/ | *per una notte/* |
| für eine Woche/ | *per una settimana/* |
| mit Blick aufs Meer? | *con vista sul mare?* |
| Was kostet das Zimmer … | *Quanto costa una camera …* |
| mit Frühstück/ | *con prima colazione/* |
| mit Halbpension/ | *con mezza pensione/* |
| mit Vollpension? | *con pensione completa?* |
| Wie lange gibt es Frühstück? | *Fino a che ora viene servita la colazione?* |
| Ich möchte um … Uhr geweckt werden. | *Vorrei essere svegliato alle ore …* |
| Ich reise heute Abend/ morgen früh ab. | *Vorrei partire questa sera/ domani mattina.* |
| Haben Sie ein Fax/ einen Hotelsafe? | *Ha un fax/una cassetta di sicurezza?* |
| Kann ich mit Kreditkarte zahlen? | *Posso pagare con la carta di credito?* |

## Restaurant

| | |
|---|---|
| Ich suche ein gutes/günstiges Restaurant? | *Cerco un buon ristorante/ un ristorante non troppo caro.* |
| Die Speisekarte/ Getränkekarte, bitte. | *Vorrei la carta/ la lista delle bevande, per favore.* |
| Ich möchte das Tagesgericht/Menü (zu …). | *Vorrei il piatto del giorno/menù (da …).* |
| Welches Gericht können Sie besonders empfehlen? | *Quale particolare piatto mi può raccomandare?* |
| Ich möchte nur eine Kleinigkeit essen. | *Vorrei uno spuntino.* |
| Haben Sie … | *Ha dei …* |
| vegetarische Gerichte/ | *piatti vegetariani/* |
| offenen Wein/ | *vini della casa/* |
| alkoholfreie Getränke? | *analcolici?* |
| Kann ich bitte … | *Vorrei avere …* |
| ein Messer/ | *un coltello/* |
| eine Gabel/ | *una forchetta/* |
| einen Löffel haben? | *un cucchiaio.* |
| Darf man rauchen? | *Si può fumare?* |
| Die Rechnung/ Bezahlen, bitte! | *Vorrei il conto, per favore!* |

## Essen und Trinken

| | |
|---|---|
| Abendessen | *cena* |
| Apfel | *mela* |
| Auberginen | *melanzane* |
| Bier | *birra* |
| Brot/Brötchen | *pane/panino* |
| Butter | *burro* |
| Ei | *uova* |
| Eiscreme | gelato |
| Erdbeeren | *fragole* |
| Espresso (mit Milch) | *caffè (macchiato)* |
| Essig | *aceto* |
| Feigen | *fichi* |
| Fisch | *pesce* |
| Flasche | *bottiglia* |
| Fleisch | *carne* |
| Fruchtsaft | *succo di frutta* |
| Frühstück | *prima colazione* |
| Gemüse | *verdura* |
| Glas | *bicchiere* |
| Huhn | *pollo* |
| Kalbfleisch | *vitello* |
| Kalbshaxenscheibe | *ossobuco* |
| Kartoffeln | *patate* |
| Käse | *formaggio* |
| Knoblauch | *aglio* |
| Lamm | *agnello* |
| Maisbrei | *polenta* |
| Milchkaffee | *caffèlatte* |
| Mineralwasser (mit/ ohne Kohlensäure) | *acqua minerale (con/senza gas)* |
| Mittagessen | *pranzo* |
| Nachspeise | *dolce* |
| Öl | *olio* |
| Obst | *frutta* |
| Orange | *arancia* |
| Parmesankäse | *parmigiano* |
| Pfeffer | *pepe* |
| Pfirsich | *pesca* |
| Pilze | *funghi* |
| Salat | *insalata* |
| Salz | *sale* |
| Schinken | *prosciutto* |
| Schweinefleisch | *maiale* |
| Spinat | *spinaci* |
| Suppe | *minestra/zuppa* |
| Tee | *té* |
| Thunfisch | *tonno* |
| Tomaten | *pomodori* |
| Vorspeisen | *antipasti* |
| Wein | *vino …* |
| Weiß/ | *bianco/* |
| Rot/ | *rosso/* |
| Rosé-Wein | *rosato* |
| Weintrauben | *uve* |
| Zucker | *zucchero* |

# Register

## Bildnachweis

*AKG, Berlin:* 9 unten, 12, 13, 14, 15, 24, 27 oben, 30, 53 – *Udo Bernhart, Langen:* 77, 97, 107, 124 links unten – *Hedda Eid, München:* 4 oben, 5 links, 6, 10 oben und Mitte, 36 oben, 41, 46, 47, 48, 49, 63 (2), 68, 71, 83 (2), 96, 98 (2), 108, 109, 110, 111, 114 unten, 116, 118 (2), 120 (unten), 121 (oben), 123 (unten) – *FAN, Lüne-burg:* 9 oben (Jens Rufenach) – *Herbert Hartmann, München:* 21 oben, 23, 27 unten, 29, 44 unten, 55, 56 – *Huber, Garmisch-Partenkirchen:* 7 unten, 8 oben, 31, 34, 35, 40 (Ripani), 51 (Simeone), 73, 93 (Giovanni) – *Gerold Jung, Ottobrun:* 4 unten, 60 oben, 101, 102, 122, 124 links Mitte, 133 – *laif, Köln:* 3 oben Celentano), 7 oben, 32 (Kristensen), 69, 95, 105 (2), 129 (Krinitz) – *LOOK, München:* 39 (2), 58 (Max Galli), 25 (Rainer Martini), 59 (Franz Marc Frei) – *Gino Russo, Savona (Italia):* 19, 26 – *Klaus Thiele, Warburg:* 28, 81, 112, 113, 124 rechts oben und links Mitte – *Ernst Wrba, Sulzbach/Taunus:* 5 rechts, 8 unten, 10 unten, 11 (2), 16/17, 22, 33, 36 unten, 43, 44 oben, 45, 50, 51 unten, 54, 60 unten, 62, 65, 66, 67, 74 (2), 76, 78, 80, 82, 84, 87, 89, 90, 91, 92, 100, 103, 104, 106 (2), 114 oben, 117, 119, 120, 121 (unten), 124 rechts unten und links oben